덕후의
글쓰기

Discover

「好き」を言語化する技術
推しの素晴らしさを語りたいのに「やばい!」しかでてこない
「SUKI」WOGENGOKASURUGIJYUTSU
OSHINO SUBARASHISAWO KATARITAINONI 「YABAI!」 SHIKA DETEKONAI
Copyright © 2024 by Kaho Miyake
Original Japanese edition published by Discover 21, Inc., Tokyo, Japan
Korean edition published by arrangement with Discover 21, Inc., Tokyo, Japan

이 책의 한국어판 저작권은 ㈜엔터스코리아를 통해 저작권자와 독점 계약한 ㈜다빈치하우스에 있습니다. 저작권법에 의하여 한국 내에서 보호를 받는 저작물이므로 무단전재와 무단복제를 금합니다.

'좋아하는 마음'을
나만의 언어로 표현하는
문장 수업

덕후의 글쓰기

미야케 카호 지음 · 신찬 옮김

더페이지

시작하며

덕후의 글쓰기는
자기 언어에서 시작된다

항상 응원하는 아이돌, 배우, 음악 밴드, 유튜버. 인생의 지침서가 되는 만화, 애니메이션, 영화, 소설, 게임. 실제로 보면 심장이 터질 듯 설레는 라이브 공연, 연극, 스포츠 경기.

이 책을 선택하셨다면 여러분에게는 '최애', 즉 엄청나게 좋아하는 존재가 있으시겠죠?

그리고 많은 분이 그런 최애로부터 큰 감동을 받았을 때 다음과 같이 생각할 겁니다.

'최애를 누군가에게 소개하고 싶어!'

'최애의 매력을 알리고 싶어!'

'최애의 멋짐을 공유하고 싶어!'

하지만 실제는 어떤가요? '대박!'이라는 말밖에 나오지 않습니다. 당장은 평범한 말밖에 떠오르지 않아서 '천천히 생각해 보고 얘기하지 뭐' 하고 뒤로 미루고, 결국에는 받았던 감동을 나누지 못하고 시간만 보냅니다. 여러분도 그런 경험이 있지 않으신가요?
그런 분들은 대부분 이렇게 속단하기 십상입니다.
'난 어휘력이 부족하니까 안 돼'
'관찰력도 분석력도 없으니까 말로 안 나오는 거야'
'난 언어로 표현하는 능력이 부족해'

하지만 실망할 필요 없습니다. 왜냐하면 자신의 감상을 언어로 표현할 때 중요한 것은 어휘력이 아니기 때문입니다. 물론 관찰력도 분석력도 아닙니다. 필요한 것은 자신의 감상을 언어화하는 '약간의 요령'입니다. 그 '요령'만 알면 누구나 자기 언어로 생각을 표현할 수 있습니다.

자기 언어로 좋아하는 대상을 표현할 수 있으면 최애를 응원하는 일이 훨씬 더 즐겁습니다. 자신이 좋아하는 것을 자기 언어로 공유하는 즐거움을 여러분도 꼭 경험해 보시기 바랍니다.

간략히 자기소개를 하겠습니다. 먼저 저의 최애는 아이돌과 다카라즈카(여성들로만 이루어진 일본의 가극_역주)입니다. 평소에는 X로 덕후 친구와 교류하고 인스타그램으로 최애의 사진을 감상합니다. 또 인터넷으로 블로그 등 다른 사람의 감상문을 뒤져서 읽고, 최애의 라이브 영상이나 SNS 업데이트를 손꼽아 기다립니다. 그야말로 최애를 통해 힘을 얻는 덕후 중 한 사람입니다.

오래전부터 책과 만화를 좋아했고, 그것을 통해 감동을 받을 때면 '이 감동을 언어로 남기고 싶어!' 하고 생각했습니다. 그런 욕구가 강해서였는지 언제부터인가 블로그에 독후감을 쓰기 시작했습니다. 그리고 지금은 책을 소개하는 서평가로 활동하고 있습니다.

사적으로는 매일 저의 '최애'를 언급한 문장들을 찾아서 읽고, 업무적으로는 매일 '책'과 관련된 문장들을 읽고 있습니다. 이런 일상생활을 하다 보면 다음과 같은 질문을 받는 일이 잦습니다.

"저의 최애를 공유하고 싶은데 어떻게 하면 언어화를 잘할 수 있을까요?"

서평가로 활동하면서, 저는 책이라는 '최애'의 매력을 담아낸 문장을 자주 독자들과 나눕니다. 생각해 보면 서평가도 덕후도 좋아하는 것을 이야기한다는 점은 마찬가지입니다.

질문을 받을 때마다 어쩌면 저의 서평가로서의 문장 기술이 '최애를 공유하고 싶어 하는 사람들'에게 도움이 될지도 모른다는 생각이 들곤 했습니다. 그것이 이 책을 쓰게 된 계기인 셈입니다.

"최애를 공유합시다."라고 말하면 "저는 어휘력이 달려요."라든지 "감동을 표현할 수 있을 정도로 책을 많이 읽지 않아서 문장력이 없어요."라며 망설이는 사람도 있을지 모릅니다.

하지만 걱정하지 마세요. 필요한 것은 어휘력도 아니고 독서량도 아닙니다. 그러면 최애를 공유할 때 가장 중요한 것은 무엇일까요?

그것은, <u>자기 언어 구축하기입니다.</u>

단지 그것뿐입니다.

'자기 언어? 그건 다들 가지고 있지 않나?'라고 쉽게 생각하는 분도 있을지 모릅니다. 하지만 요즘에는 자기 언어를 구축하기가 참으로 어렵습니다.

왜냐하면 오늘날의 우리는 SNS 등을 통해 '타인의 언어가 자신에게 쉽게 스며드는 시대'를 살고 있기 때문입니다.

시간이나 때울 요량으로 SNS를 멍하니 본다고 생각할지 모르겠지만, 우리는 평소에 무의식적으로 타인의 정보 공유에 노출되어 있습니다. 타인의 언어가 매일 머릿속에 유입되는데, 실로 방대한 양입니다. 오늘날 한 사람이 접하는 정보량과 그 속도는 과거와는 비교할 수 없을 만큼 막대하고 빠릅니다.

예를 들어 아이돌을 좋아하는 사람은 SNS에서 그 아이돌에 대한 찬사와 비난의 글을 매일 같이 접합니다. 저 또한 그렇습니다. SNS에는 근사한 에피소드나 보기만 해도 힐링되는 멋진 글도 많이 공유됩니다. 반면에 다소 껄끄러운 글도 매우 많습니다.

영화를 본 뒤 SNS 등에서 다른 사람의 감상을 찾아 읽는 경우가 있습니다. 그럴 때 자신의 감상은 잊은 채 남의 감상이 마치 처음부터 자신의 감상인 양 착각할 때가 있습니다. 여러분은 그런 경험이 없는지요? 저는 자주 그렇습니다. <u>우리는 타인의 언어에 쉽게 영향을 받습니다.</u>

그런데 이는 상당히 위험합니다. 원래 자기 언어가 무엇인지 혼란스러워지기 때문입니다.

    물론 다른 사람에게 영향을 받는다는 것 자체는 나쁘지 않습니다. 하지만 자기 언어나 감상이 완전히 사라진다니 좀 슬픈 일입니다. 타인의 언어에 영향받기 쉽다는 말이 어쩌면 사고까지 세뇌당한다는 듯한 기분까지 들어 무섭기도 합니다.

    이럴 때 중요한 것이 '자기 언어 구축하기'입니다. 지금 시대는 타인의 언어와 거리를 두기 위해서라도 자기 언어를 구축하는 스킬이 꼭 필요합니다.

    <u>이 책에서는 오늘날을 살아가는 데 꼭 필요한 자기 언어를 어떻게 구축할 수 있는지 소개합니다.</u> 그러나 너무 거창하게 생각할 필요는 없습니다. 평소 어휘력이나 언어화 능력이 부족해도 타인의 언어에 쉽게 영향받는 사람이어도 자기 언어 구축과 관련된 약간의 요령만 숙지하면 됩니다.

    만약 최애를 자기 언어로 공유할 수 있다면 분명 최애에 대한 애정도 훨씬 깊어질 것입니다.

    '최애를 자기 언어로 공유'하는 데에는 많은 장점이 있습니다.

    — 최애를 언어로 표현해 보면 추상적인 이미지가 명징해진다.

- 최애의 매력을 공유하면, 더 많은 사람에게 최애를 알릴 수 있다.
- 최애에 대한 막연한 생각을 구체적인 언어로 나타낼 수 있다.
- 좋아하는 마음을 언어화하면 최애를 좋아하는 자신에 대해서도 이해가 깊어진다.

자기 언어를 구축하여 최애를 공유하면 분명 여러분 자신의 인생에도 긍정적인 영향이 미칠 것입니다.

제가 서평가로서 오랫동안 쌓아 온 최애를 자기 언어로 공유하는 스킬을 이 한 권에 담아 여러분께 소개합니다. '최애' 유형에는 제약이 없습니다. 배우, 성우, 유튜버, 아이돌, 음악 밴드, 가수, 스포츠 선수, 애니메이션 캐릭터, 책, 만화, 영화, 낚시, 등산, 러닝, 여행, 바둑, 식물… 등 여러분이 좋아하는 것이라면 무엇이든 상관없습니다.

SNS 단문이나 블로그를 비롯한 장문 그리고 친구에게 이야기할 때, 불특정 다수를 향해 이야기할 때 등과 같이 공유 형식에 따라 나누어 설명했습니다.

여러분이 좋아하는 것을 공유하고 싶을 때, 이 책이 도움이 되면 더할 나위 없이 기쁘겠습니다.

 최애를 자기 언어로 공유하다 보면 분명 여러분 자신의 애정이 어디에서 왔는지 알 수 있을 것입니다. 최애를 이야기하는 것은 자신의 인생을 이야기하는 일이기도 합니다.

 그럼, 최애에 대해 이야기해 보시죠.
 여러분의 언어가 최애를 빛나게 할 날이 올지도 모르니까요.

미야케 카호 三宅香帆

차례

시작하며 덕후의 글쓰기는 자기 언어에서 시작된다　　　**008**

제1장　최애에 관한 이야기는 곧 인생 고백이다

최애를 어떤 식으로 이야기해야 할까　　　**021**
자신만의 감정이 가장 중요하다　　　**026**
문장에 공을 들이겠다는 의지　　　**033**
독해력이 아닌 망상력이 필요하다　　　**038**

제2장　최애를 이야기하기 전의 준비

최애를 언어화하는 이유는 무엇인가　　　**049**
스마트폰 시대에 최애 이야기하는 법　　　**060**
언어화는 세분화다　　　**070**
감정의 언어화에는 패턴이 있다　　　**077**
험담의 언어화는 의외로 어렵다　　　**084**
메모는 홀로 자유롭게 쓸 때 가장 즐겁다　　　**092**

제3장　최애의 매력 이야기하기

상대와의 정보 격차 좁히기　　　**101**

주석을 달아 말하기　　　　　　　　　　　　　117
말로 최애를 이야기하는 요령　　　　　　　　124

제4장　　최애의 매력을 SNS로 공유하자

남들로부터 자기 언어 지키기　　　　　　　　133
타인의 언어에 전염되지 않아야 한다　　　　　141
최애를 이야기하며 자신을 언급한다　　　　　144

제5장　　최애의 매력을 문장으로 쓰자

공유하고 싶은 이야기가 전달되어야 좋은 문장이다　　151
가장 중요하고 가장 어려운 도입부　　　　　　161
일단 대략적으로라도 끝까지 써 보자!　　　　173
잘 안 써질 때 해야 할 일　　　　　　　　　　180
다 쓴 글을 수정하는 습관 갖기　　　　　　　184

제6장　　최애의 매력을 어필한 예문을 읽자

전문가가 쓴 문장을 참고하자!　　　　　　　203
흉내는 실력을 키우는 지름길　　　　　　　　220
막힐 때 읽어 보면 좋은 Q&A　　　　　　　　223

마치며　자기 언어로 지켜 내는 건전한 덕후 라이프를 위하여　232

제1장

최애에 관한 이야기는

곧 인생 고백이다

'최애 이야기하기'에는 패턴이 있다

여러분의 '최애最愛'는 무엇인가요?

요즘 최애라는 말이 널리 사용되고 있습니다. 좋아하는 아이돌, 가수, 배우, 성우, 유튜버가 여러분의 최애일 수도 있고, 애니메이션이나 책, 영화, 만화, 게임과 같은 콘텐츠, 혹은 좋아하는 스포츠나 낚시, 체스와 같이 취미 그 자체일 수도 있습니다. 널리 알리고 싶은 상품이 될 수도 있고 생활 습관이 될 수도 있습니다.

'최애'라는 단어에는 '추천하고 싶다', 즉 누군가에게 알리고 싶

다는 감정이 담겨 있다는 특징이 있습니다(최애의 일본어 원문은 '推し'로 팬들이 지지하고 응원하는 대상을 의미하며, 신조어로 널리 사용되지만 원래는 추천을 의미한다_역주).

단순히 어떤 대상을 좋아할 뿐만 아니라 '다른 사람에게 소개하고 싶다'거나 '매력을 언어로 표현해서 얼마나 멋진지를 분석하고 싶다'는 욕망까지 아우르는 말이 최애의 조건일지도 모릅니다.

그렇다면 최애를 어떤 식으로 이야기하면 좋을까요?

최애라는 말이 유행이지만 그것을 이야기하는 방법은 아무도 가르쳐 주지 않습니다. '그냥 하고 싶은 말을 하면 되지 않을까요?', '좋아하는 사람이나 대상의 매력을 생각대로 말하면 되지 않나요?'라고 생각하는 사람도 있겠지만 솔직히 말해 한편으로 '누군가가 알려 주면 좋겠다'는 마음도 있습니다.

감상문은 '있는 그대로 쓴다'는 믿음

물론 당연히 '최애를 이야기하는 법'을 가르치는 학교 수업이 있을 리 만무합니다. 하지만 잘 생각해 봅시다. 독후감 숙제는 어떨까요? "뭐든지 좋으니 여름방학 중에 책 한 권을 골라서 읽고 감상문을 써 오세요"라는 선생님의 말씀을 들어 본 적이 있을 겁니다. 그런데 학교에서는 어떻게 독후감을 써야 하는지 그 방법론까지는 대부분 알려 주지 않습니다.

숙제는 내지만 푸는 방법은 가르쳐 주지 않는 셈입니다. 원고지 사용법, 조사 사용법, 글자 수 규정 등 글쓰기 규칙을 가르쳐 주고 독후감을 쓸 수 있느냐고 묻는다면, "아니요."라고 대답하는 학생이 대다수일 것입니다.

그런데도 학교에서 독후감 숙제를 아무렇지도 않게 내는 이유는 뭘까요? 그것은 '자신이 느낀 그대로 감상을 쓰면 그것이 바로 글쓰기'라는 믿음이 강하기 때문입니다.

그래서 선생님도 학생도 책을 읽고 느낀 대로의 감정을 종이에 써 내면 그것이 좋은 독후감인 줄 압니다.

하지만 절대 그렇지 않습니다.

독서하고 느낀 점을 있는 그대로 쓰는 것이 좋은 독후감을 쓰는 요령이라면 서평가는 필요 없지 않을까요? 서평가, 즉 독후감 전문가 입장에서 보면 '뭐라고? 감상문을 너무 우습게 보는 거 아냐?' 하고 못마땅할 수밖에 없습니다.

글쓰기도 스킬이 필요합니다.

스킬을 잘 구사할 수 있어야 훌륭한 감상문을 쓸 수 있습니다. 거꾸로 말해 '글쓰기 스킬만 이해하면 좋은 감상문이나 좋은 문장을 쓸 수 있다'는 의미입니다. 게다가 독후감도 생각하기에 따라서는 최애를 표현하는 방식일 수 있습니다. 왜냐하면 자신이 좋아하는 책을 어필하는 입장에서 쓰는 감상문이기 때문입니다. 그런 의미에서 최애를 이야기할 때도 제대로 된 스킬이 필요합니다.

팬레터, SNS, 블로그에도 응용할 수 있는 스킬

이 책에는 제가 서평가로서 익힌 '최애를 이야기할 때 필요한 스킬'을 소개하겠습니다. 서평가는 추천할 책을 찾아 감상문을 쓰는 일이 직업이다 보니 아무래도 다양한 스킬을 기를 수 있습니다. 물론 최애뿐만 아니라 여러 가지 대상에 대해 말하고자 하는 사람도 응용할 수 있는 형태로 소개하였습니다.

저처럼 직업상 글을 쓰는 사람 외에도 각종 최애를 소재로 SNS나 블로그를 운영하는 사람, 혹은 최애에게 팬레터를 쓰고 싶은 사람, 단순히 자신의 최애를 친구에게 소개하고 싶은 사람에게도 도움이 되는 스킬입니다.

가령 저는 팬레터를 쓸 때 어렵다고 생각한 적이 없습니다. '당신도 팬레터를 쓰는군요!' 하고 웃으실지 모르겠지만, 아무튼 씁니다. 일이 아니라 단순히 취미로 응원하는 마음을 담아 씁니다.

언젠가 저는 제가 같은 장르를 좋아하는 친구와 이야기할 때나 팬레터를 쓸 때 별로 어려워하지 않는다는 사실을 깨달았습니다. 직업상 감상하는 대상의 매력에 관해 쓰는 훈련을 너무 많이 해서 그것이 자연스럽게 팬레터를 쓰는 스킬로 이어졌을지 모릅니다.

여러분이 팬레터, 혹은 블로그나 SNS에 글을 쓸 때 '최애를 어떤 식으로 이야기해야 할지 모르겠다', '최애를 어필하고 싶지만 어휘력이 부족해서 같은 말을 반복하고 만다'라는 등의 고민이 있다면 이 책이 도움이 될 것입니다.

그러면 본격적으로 '최애 이야기하기'에 대해 살펴봅시다.

'있는 그대로'의 감상을 언어로 나타내기는 어렵다

최애 이야기를 할 때 무엇이 가장 중요할까요? 결론부터 말하면 '자신만의 감정'입니다. '자신만의 감정? 느끼는 대로, 있는 그대로의 감상을 이야기한다는 의미인가?' 이런 식으로 생각하는 분이 있을지 모르지만 조금 다릅니다. 자신만의 감상을 말하기란 쉬워 보이지만 결코 쉬운 일이 아닙니다. 왜냐하면 '자신만의 감상'은 '타인이 한 말이 아닌 자신의 개성이 드러나는 감상을 언어로 표현하는 것'이기 때문입니다.

가령 창작은 독창성이 중요하다고 말하는 사람이 있습니다. 이건 정말 맞는 말입니다. 같은 작품이 있는데도 중복해서 자기 작품을 세상에 내놓는 것은 의미가 없습니다. 왜냐하면 이미 존재하기 때문입니다.

최애를 이야기할 때도 마찬가지입니다. 누군가가 언급해서 알려진 표현이나 감정이 아닌 자신만의 느낌을 전하는 것이 무엇보다 중요합니다. 그런 내용을 전달해야 비로소 여러분이 최애를 이야기할 때 의미가 담기고, 세상에 아직 없는 감상을 만들어 낸다는 의미가 부여됩니다.

'뭐야, 내 감상을 그냥 말하면 되는 거라고? 너무 쉽잖아'라고 생각할 수도 있습니다. 그런데 이게 의외로 어렵습니다. 왜냐하면 인간은 무작정 말하면 세상에 이미 존재하는 '뻔한 언어'만 사용하고 마는 생물이기 때문입니다.

클리셰라는 적

'클리셰'라는 말을 들어 본 적이 있는지요?

어떤 말이 여러 장면에 남용된 탓에 그 말의 진정한 의미나 새로움이 사라지는 것을 가리키는 용어입니다. 뻔한 상황. 뻔한 대

사. 뻔한 말. 그것들을 프랑스어로 '클리셰cliché'라고 합니다.

우리말로 굳이 풀어 쓰자면 '상투어', 혹은 '뻔하다'라는 말과 가장 가깝습니다. 감상을 말하거나 글을 쓸 때 클리셰를 가장 경계해야 합니다. 말하자면 클리셰는 여러분의 감상을 훼손하는 적인 셈입니다!

무슨 말인지 구체적으로 설명하겠습니다. 예컨대 여러분의 최애가 어떤 만화라고 해 봅시다. 그리고 그 만화의 훌륭함을 어떻게든 많은 사람에게 알리고 싶어서 SNS에 그 매력을 써 봤다고 합시다.

"눈물이 나서 미치겠어. 많은 생각을 하게 만드는 만화야."

그런데 '이걸로는 매력이 전해지지 않아. 어휘력이 달려서 감상을 잘 표현할 수 없어. 에휴…' 하고 낙심하는 사람도 있습니다. 저도 옛날에는 그랬습니다. 무엇이 문제일까요?

여러분 자신에게는 아무런 문제가 없습니다. 문제는 다음의 세 가지 문구입니다.

① 눈물이 난다.

② 미치겠다.

③ 생각하게 만든다.

사실 이 세 문구는 '감상문의 클리셰', '뻔한 표현'입니다. 특히 '눈물이 난다'와 '생각하게 만든다'는 대표적으로 주의해야 할 문구입니다. 이 두 문구를 사용하고 나면 거기서 사고가 정지하고 맙니다.

예컨대 한때 '전미全美가 통곡'이라는 영화 홍보 문구가 자주 쓰였습니다. 그때 '전미는 통곡하지 않는다'라며 비꼬는 반응이 나왔습니다. 실제로 모든 미국인이 펑펑 울었는지 아닌지를 따지는 것이 아니라 미국 영화 홍보에 지나치게 남용된 점을 풍자한 것입니다. 즉 클리셰임을 꼬집은 말입니다.

클리셰는 자기 언어를 훼손하는 적이라고 생각하길 바랍니다. 자주 보이는 그럴싸한 언어를 사용하면 자신의 문장도 그럴싸해질 거로 생각합니다. 그래서 무심코 따라 쓰고 맙니다. 가령 '생각하게 만든다'라는 문구도 뭔가 있어 보이는 표현이라고 생각하기 십상입니다. 하지만 그런 그럴싸한 표현은 머릿속에서 지워 버립시다. 클리셰, 뻔한 표현은 여러분의 언어를 훼손하는 적일 뿐입니다.

타인의 언어에 지배당하지 말자

클리셰를 철저히 금지해야 '자신만의 감상'이 가능합니다. 뻔하고 그럴싸한 표현은 배제하고 제대로 된 자신의 감정, 생각, 인상, 사상을 언어로 구사해야 자신만의 개성이 묻어나는 표현이 완성됩니다.

클리셰를 사용하지 않는 훈련을 하다 보면 신기하게도 감상문의 분량, 즉 문장의 소재도 늘어납니다. 정말입니다. 그 메커니즘에 대해서는 다음 장에서 자세히 설명하겠습니다.

우선은 뻔한 말이 아닌 자기 언어를 소중히 여겨 주시길 바랍니다. 자기 언어란 자신의 감정이며 자신의 사고를 뜻합니다.

우리는 생각보다 쉽게 타인이나 세상의 뻔한 말에 지배당합니다. '지배'라는 표현은 다소 과장되어 보이지만, 방심하면 바로 사고가 멈추면서 남들이 흔히 사용하는 말을 그대로 따라 하는 경향이 있습니다.

어쩌면 인간은 원래 그런 생물일지도 모릅니다. 그렇지 않다면 아기가 말을 배울 수 없을 테니까요.

그런 인간의 습성에 맞서 자기 언어를 사용해 봅시다. 타인이나 세상의 뻔한 말에 대해 '정말로 그 말이 좋은가?' 하고 잠시 멈추어 생각해 봅시다. 그리고 자신만의 감정이나 사고가 드러나는 언어로 표현해 봅시다. 이러한 과정은 사실 굉장히 중요합니다.

'최애에 대해 이야기하고 싶을 뿐인데, 일이 너무 커지네?'라고 생각할 수도 있지만, 한편으로 최애를 이야기하고 공유하는 일은 다른 사람의 영향을 너무나도 받기 쉬운 영역이기도 합니다.

여러분은 어떤가요? 인간은 좋아하는 것이 같다는 이유로 다른 사람의 취향에 쉽게 영향을 받는 존재입니다.

"나는 ○○가 굉장히 좋은데 비슷한 취향인 친구에게 ○○는 '별로'라는 말을 듣고 나니 왠지 모르게 ○○를 좋아하는 마음이 식어 버렸어요."

여기서 ○○는 좋아하는 영화나 특정한 상황, 어떤 사람이나 음악, 그 무엇이든 될 수 있으며 누구나 이러한 감정을 느껴 본 일이 있을 것입니다.

취향이라면 다른 사람의 영향을 받아도 괜찮다고 생각할 수 있습니다. 하지만 감상이라면 어떨까요? 자기만의 감정이 갑자기 사라져 버린다면, 그건 정말 아쉬운 일이 될 것입니다.

감상을 모처럼 언어로 표현하는 만큼 자신만의 고유한 감정을 소중히 합시다! 타인이나 세상의 언어에 휩쓸리지 말고, 자기 언어를 사용하려고 훈련하다 보면 분명 습관처럼 익숙해질 수 있습니다.

전달력을 결정짓는 '공'

앞서 여러분은 클리셰에 지지 않고 자신만의 감정을 언어화하는 법을 배웠습니다. 그런데 그것만으로 최애를 이야기하는 문장을 완성할 수 있을까요? 유감스럽게도 대답은 'NO'입니다. 사실 아직 필요한 게 있습니다.

그것은 바로 '공'입니다. 더 자세히 말하면 '공을 들이셨다는 의지'입니다. '의지라고?' 또 과장된 말을 사용한다고 생각할지 모르겠지만 '의지'는 굉장히 중요합니다. 앞서 말한 것처럼 글쓰기 교

육에는 있는 그대로의 감정을 쓰면 글이 잘 써진다는 믿음이 있습니다. 하지만 실제로는 그렇지 않죠.

문장의 핵이 '나만의 감정'이라면 그 핵을 감싸는 것은 '문장에 관한 공'입니다. 공을 들이지 않으면 다른 사람에게 전해지지 않습니다.

다른 사람에게 전해질 필요가 없는 글이라면 사실 핵만 있어도 됩니다. 저도 저만 보는 일기를 쓸 때는 문장에 관한 고민을 하지 않습니다. 왜냐하면 자신에게만 전달되면 되니까요.

하지만 누군가가 읽어 주기를 바라는 글이라면, 누군가에게 무언가를 전하고 싶다면, 전해지기를 원한다면 핵을 감싸는 '공'이 절대적으로 필요합니다. 얼마나 공들였느냐가 그 문장의 전달력을 결정합니다.

자신의 생각을 그대로 말하고 그 말이 잘 전달되도록 공들이는 수고를 거쳐야 비로소 다른 사람에게 전달되는 문장이 되는 것입니다.

공들이기는 귀찮다

하지만 문장마다 매번 공을 들여야 한다면 여간 귀찮은 일이 아닙니다. 저는 요리를 싫어해서 그런지 남들이 "요리할 때 공들이면 맛있어져요"라고 아무리 말해도 '요리에 공들이기는 귀찮아'라고 생각합니다. 육수도 간편한 팩으로 내고 싶고, 이왕이면 육수가 첨가된 된장을 사용하고 싶습니다.

　다행히 문장에 관해서는 공을 들이는 작업이 즐겁습니다. 그래서 서평가가 직업이 될 수 있었죠. 이 책을 읽다가 '이렇게까지 공을 들여야 하나? 에휴 귀찮아' 하고 생각하는 분도 계시리라 생각합니다. 그럴 때는 자신이 할 수 있는 범위 내에서 즐기며 공을 들이면 됩니다.

　글을 쓰는 데 시간이 너무 오래 걸리면 점점 의욕이 사라져 글을 쓸 생각이 사라질 수 있습니다. 글을 쓰느라 생활에 지장이 생기면 주객전도입니다. 최애에게 받은 감동을 나누고 싶다고 생각할 처지가 아닌 거죠. 그래서 '이 정도라면 즐길 수 있겠다'라는 범위 내에서 공을 들이자는 이야기입니다. '지금부터는 귀찮으니 여기까지!'와 같은 선 긋기는 꼭 스스로 판단해 주시길 바랍니다.

문장력은 글재주가 아니다!

　전달력이 뛰어난 문장은 글쓴이가 '전해지도록 공을 들였기 때문'입니다. 즉 아무리 글재주가 뛰어나도 반드시 공을 들인다는 사실입니다.

　그래서 저는 '글재주'라는 말을 딱히 믿지 않습니다. 글재주가 타고난 사람도 어딘가에 존재할 수 있지만, 일반적으로 문장은 공을 들여 노력하는 만큼 그 완성도가 높아질 가능성이 큽니다.

　소설가가 아닌데도 자신의 글재주를 신경 쓰는 사람은 많지 않을지도 모르겠습니다. 그럼에도 자신의 글재주를 신경쓰는 사람이라면 문장력은 글재주가 아니라 얼마나 공을 들였느냐가 결정한다는 사실을 유념해야 합니다. 그런 생각으로 세상의 글을 바라보면 또 다른 모습을 볼 수 있습니다.

　그래야 '아하, 이 단어가 문장을 이해하기 쉽게 만들어 주는구나', '여기서 줄을 바꾸는 바람에 이야기 전개가 꼬인 거구나' 등과 같이 다른 사람의 글을 통해 배울 수도 있습니다.

　비록 한 사람밖에 읽지 않는 팬레터일지라도, 아직은 방문자 수가 적은 블로그의 글일지라도 얼마나 공을 들이느냐에 따라 문장에서 전해지는 느낌이 달라집니다.

'좋은 문장을 쓰려면 노력해야 한다'라는 주장을 펼칠 생각은 전혀 없습니다. 다만 공을 들이겠다는 의지가 중요하다는 점은 강조하고 싶습니다.

감상을 쓰는 데 독해력이나 관찰력은 필요 없다

앞서 자신의 감정이 핵이고 핵을 감싸는 '공'이 중요하다고 이야기했습니다. 하지만 '그 핵을 어떻게 만들지? 감상을 쓰기 위한 언어화가 잘 안 되는데…'라며 어려움을 느끼는 분도 계실지 모르겠습니다.

당연히 '최애에 대해 뭔가 쓰겠어!' 하고 결심한다고 하루아침에 소재가 떡하니 나와 주지는 않습니다. 그래서 다들 비슷한 고민을

합니다. 가령 누구는 책이나 만화에 관해 쓰려고 해도 '독해력이 없어서 감상을 못 쓰는구나' 하고 한숨짓습니다. 또 누구는 좋아하는 아이돌에 대해 쓰고 싶어도 '관찰력이 없어서 소재가 떠오르지 않는구나' 하고 자책하기도 합니다.

좋아하는 것이나 사람의 매력을 언어화하고 싶은데 그 매력을 풀어내기 위한 독해력이나 관찰력이 없다는 식으로 받아들이는 분이 많습니다.

하지만 감상을 쓸 때 중요한 것은 독해력도 관찰력도 아닙니다. 그러면 뭐가 필요할까요? 그것은 바로 '망상력'입니다.

'망상력'이란 무엇일까요?

자신의 생각을 부풀리는 능력입니다.

망상을 키워 감상을 만들어 낸다

예를 들면 최애인 배우가 드라마에서 굉장히 좋은 연기를 펼쳤다고 합시다. 그 감동을 팬레터로 전하고 싶지만 어떻게 써야 할지 난감합니다. 그 와중에 '너무 좋았다'라는 김흥민큼은 강하게 남아 있습니다.

망상력은 '너무 좋았던' 지점에서 자신의 사고를 전개하는 힘이 됩니다.

　최애가 멋진 대사를 하는 장면을 보고 나서 시간이 지나도 '너무 좋았다'라는 감흥이 느껴진다면 다음과 같이 어떤 장면이 인상 깊었는지 기억을 더듬어 봅시다.

　'로맨스 드라마에서 애정을 확인하는 장면이 이렇게 담백한 경우가 있었던가? 흔한 장면인데도 이상하게 뻔하지 않았다. 보통은 감정을 잔뜩 실어 연기하는데, 오히려 자연스럽게 연기해서 더 좋았다. 어떻게 그렇게 자연스럽게 대사를 했을까? 배우의 캐릭터 해석이 좋았던 덕분일까? 지금까지 출연한 드라마 연기 보다 이번 연기가 훨씬 좋았다. 캐릭터와의 궁합이 좋아서일까? 아니면 각본이 좋아서였을까?'

　하나의 예이지만 '너무 좋았던' 이유를 생각하려면 이런 식으로 사고를 키우는 망상력이 필요합니다.

　다만 계속 관찰하거나 찾으려고만 해서는 감상이 풍성해지지 않습니다. '왜 좋았을까?', '어디가 좋았을까?'라는 지점에서 사고라는 이름의 망상을 키워 가야 합니다.

　<u>'너무 좋았던' 이유를 찾을 때는 옛날에 본 것이나 좋았던 최애의 모습을 떠올리며 자신의 망상을 넓혀 가는 것이 좋습니다.</u> 그

런 느낌으로 사고해야 감상의 소재를 수월하게 찾을 수 있기 때문입니다.

망상이니까 틀려도 상관없다

'독해력이 필요하다'든가 '관찰력이 필요하다'든가 '분석력이 필요하다'라고 하면 아무래도 자세를 고쳐 잡고 진지하게 '그거, 어떻게 하면 되는 거지?' 하고 생각합니다. 하지만 저도 어떻게 단련해야 좋을지 모릅니다.

그런데 '뭐든 좋으니 망상을 키워 가면 돼'라고 하면 왠지 할 수 있을 것 같지 않나요?

예를 들어 저는 책을 다 읽고 나면 전에 읽었던 비슷한 작품이 머리에 떠오릅니다. '그 책이랑 비슷하구나. 아니야, 그래도 여기가 달라서 좋았어'와 같은 식입니다. 재미없는 책을 보고도 '이런 쪽이라면 그때 그 책이 나을 거야' 하고 생각하기도 합니다. 그리고 왜 이런 내용의 책이 나왔을까? 하고 막연하게 생각하는 습관도 있습니다.

'시대적으로 이런 스토리의 책이 지금 잘 팔릴까?', '이 캐릭터는 젊은 사람들이 안 좋아할 것 같은데…', '나는 왜 그렇게 느낄까?'

등 망상을 계속 키워갑니다.

　이런 망상이 서평을 쓸 때 단서가 됩니다.

　여기서 중요한 것은 생각의 대부분이 망상이라는 점입니다. 그 생각이 옳은지는 확실하지 않다는 의미이기도 합니다.

　'저 책과 이 책은 비슷한 것 같아'라고 생각해 봤자 실제로 작가가 그 책을 참조했는지는 알 수 없습니다. 다른 사람이 읽으면 비슷한 책이라고 느끼지 않을 수도 있습니다. 작가나 다른 독자가 '뭐라고요?'라며 고개를 갸우뚱해도 전혀 이상하지 않을지도 모릅니다.

　하지만 그런 건 아무래도 좋습니다. 망상이니까요. 객관적으로 맞는지 안 맞는지는 아무래도 상관없습니다. 어쨌든 망상을 키워가는 게 중요하니까요.

망상력으로 사고를 발굴한다

　물론 망상을 사실인 것처럼 그대로 글로 쓰면 안 됩니다. '××가 ○○와 비슷하고, 뭐랄까 ××는 ○○의 오마주 같다'라는 생각이 들어도 감상을 쓸 때 '××의 작가는 ○○라는 작품을 흉내 냈다'는 식으로 쓰면 안 됩니다. 이는 거짓을 퍼뜨리는 짓과 다름없습니다.

다만 어디까지나 자신의 감상임을 밝히고 'XX는 ○○와 비슷하다고 느꼈다. 왜냐하면 ~~라는 전개가 비슷한데 이런 공통점은 지금의 시대를 상징하는 것처럼 보였다'라고 쓴다면 훌륭한 감상문이 될 것입니다.

감상문 작성에 자신이 없거나 적당한 소재가 떠오르지 않는다면 꼭 망상을 키워 봅시다. 옳고 그른 문제는 차치해 두고서 우선은 머릿속에서 자신의 감상을 발굴해 보는 경험이 중요합니다.

물론 좋은 감상을 쓰는 편이 결과적으로 관찰력이나 독해력이 뛰어난 것처럼 보이는 경우가 많습니다. 하지만 그것은 어디까지나 결과론입니다. 우리가 몸에 익혀야 할 능력은 망상력입니다.

감상을 발굴하는 구체적인 방법, 즉 쓰기 전의 '망상법'에 대해서는 제2장에서 소개하겠습니다.

최애의 매력을 전하는 것은
자기 인생을 사랑하는 것

지금까지 '자신의 감정이라는 핵'의 중요성, 감상을 문장으로 쓰려면 '공을 들여야 한다', 그리고 '감상은 망상력으로 생긴다'라는 세 가지 포인트를 알려 드렸습니다.

구체적으로 이 세 가지를 어떻게 익히는지는 뒤에서 설명하겠습니다.

최애의 매력을 공유하여 나누는 것은 굉장히 근사한 일입니다. 자신이 좋아하는 것이나 사람을 언급하는 행위는 결과적으로 자기 어필로 이어집니다.

<u>자신의 취향을 냉철히 언어화하면 자신에 대한 이해도도 깊어집니다. 그뿐만 아니라 다른 사람을 언급한다는 것은 자신의 시선이 외부로 향해 있다는 의미입니다.</u> 이를 통해 다른 사람의 매력이나 장점을 깨닫는 힘도 기를 수 있습니다.

공들여 얻은 좋아하는 것이나 사람에 대해 이야기하는 행위는 자기 인생의 훌륭함을 어필하는 행위이기도 합니다. 저는 진지하게 그렇게 생각합니다.

그러므로 최애에 관해 이야기하는 기쁨을 꼭 즐기기를 바랍니다. 이왕이면 즐겁게 이야기하는 편이 말하는 쪽도, 듣는 쪽도 기쁠 것입니다. 그리고 이 책이 도움이 되기를 바랍니다.

추상적인 설명은 여기까지입니다. 다음 장부터는 구체적으로 최애를 이야기하는 방법을 소개하겠습니다.

자, 최애를 이야기할 준비가 되셨나요?

제2장

최애를 이야기하기 전의

준비

최애를 언어화하는 이유는 무엇인가

'감동!', '대박!' 밖에 나오지 않는다

'최애의 매력을 어필하는 문장을 쓰겠어!' 이런 다짐 후에 편지지도 사고, SNS 계정도 늘려 보고, 블로그도 개설해 보고 하는 것은 좋지만 그 후에는 어떻게 할 작정인가요?

'최근에 너무 좋았던 라이브 공연에 대한 소감을 적을 거야'라고 생각했다고 합시다. '뭐부터 쓸까? 아, 생각이 안 나네…. '좋았다'라는 말밖에 떠오르지 않아. 훌륭한 곡 선정에 대해서 적어 볼까? 엄청 듣고 싶었던 곡을 들을 수 있었잖아. 아니면 이번 공연에서

해 준 특별한 이야기나 최애의 패션에 관한 이야기는 어떨까? 아, 뭐부터 쓰지? 그것보다 라이브에서 제일 좋았던 점은 뭐지?'

이러다가 앞서 이야기한 바와 같이 "최애의 매력을 언어화하려고 해도 어휘력이 없어서 좋은 말이 생각나지 않아요" 하고 상담을 요청하는 분이 많습니다. 실은 저도 마찬가지입니다. 제가 '최애의 매력을 이야기하는 문장'을 쓰고 싶을 때는 대개 우선은 머릿속이 왁자지껄 시끄러워집니다.

그래서 최애의 매력을 그렇게 쉽게 언어화할 수 없습니다. '최고였다', '대박이다', '미쳤다' 등과 같은 식의 표현밖에 떠오르지 않습니다. '최애를 보고 감동했다'라고 한 줄 쓰고 나면 더 이상 진도가 나가지 않습니다. 하지만 저는 그 상태가 나쁘다고 지적할 생각은 전혀 없습니다. 감동이 뇌 안에서 바로 언어로 변환되지 않는 것은 당연한 일입니다. 감동은 말로 표현하기 상당히 힘든 감정이기 때문입니다.

옛날 사람도 '대박!'이라는 표현을 썼다!

일본어 고어에는 '아하레나리あはれなり'라는 말이 있습니다. '가슴이 찡하다', '아찔하다', '써 봐, 하고 말하고 싶어진다'라는 뉘앙

스가 있는 단어입니다. 가슴에 뭔가가 불현듯 뛰어들어 감정이 폭발하는데, 그때의 감정은 긍정적인 면도 있고 동시에 부정적인 면도 있습니다.

좋든 나쁘든 감정이 흔들리는 경험이 '아하레나리'인 것입니다. 옛날 사람들은 종종 이런 편리한 말을 만들곤 했습니다.

하지만 현대어에는 '아하레나리'를 대신할 어휘가 없습니다. 감동했다든가, 감격했다든가, 그런 말이 가장 가깝지만 '아하레나리'가 가리키는 감정 전부를 포괄하는 어휘는 없습니다. 그래서 우리는 '아하레나리'의 현대어 버전으로 '대박'이라는 말의 의미를 확대하여 사용합니다.

'대박'이라는 표현은 그것이 긍정적인 감정이든 부정적인 감정이든, 어느 한쪽에 기울지 않습니다. 좋을 때나 좋지 않을 때나, 뭔가 자신의 감정이 크게 흔들리는 사태를 겪었을 때 '대박'이라는 표현을 사용합니다. '아하레나리'와 유사하다고 하겠습니다.

이건 여담이지만, 이런 생각을 가진 저는 대박이라는 표현을 사용하는 요즘 젊은이들을 향해 "어휘력이 없다!"라고 비판하는 사람들을 이해할 수 없습니다. 왜냐하면 '대박'은 '아하레나리'와 같은 용법으로 사용하기 때문입니다. 헤이안 시대(794년~1185년)에는 되고 오늘날에는 안 된다는 건 불합리합니다.

어쨌든 그런 이유로, 일본에는 옛날부터 '감정이 크게 동요하는 상황'을 '아하레나리'라는 한마디로 정리해 사용한 문화가 있었습니다. 그리고 왜 '아하레나리'로 정리할 수 있느냐 하면 그렇게밖에 표현할 수 없기 때문입니다.

'알 수 없는 감정이 스멀스멀 요동친다. 뭔가 대단한 걸 봤다. 뭐지 이건?' 이렇게 자신의 감정을 언어화할 수 없을 만큼 대단한 '미지의 사태'를 겪으면 우리는 진정한 의미에서 감동합니다.

그렇다면 자신의 감정을 곧바로 언어화할 수 없다고 해서 부끄러워할 필요가 없습니다. 오히려 언어화할 수 없을 정도로 감정이 동요되는 상황을 만났다는 사실을 기쁘게 받아들여야 합니다. 이런 만남은 좀처럼 없는 일일 테니까요. 커다란 감정의 동요는 부정적이든 긍정적이든 인생의 매우 멋진 선물입니다.

무엇을 위해 감동을 언어화하는가

'그렇다면 감동을 준 최애에 감사드리고…, 또 감동은 감동한 대로 내버려둬서 굳이 언어화하지 않는 걸로 합시다!'라고 생각하는 분이 계실지도 모릅니다. 그러면 SNS도 블로그도 팬레터도 결국 아무것도 쓰지 못하고 끝나는데 괜찮으신가요?

물론 정말 감동적인 경험이라면 혼자 마음속에 간직해도 좋습니다. 무리해서 남들에게 알리지 않고 자신의 기억 속에 살포시 남겨 두는 것도 방법입니다. 하지만 저는 '비록 나만 보는 일기나 메모일지라도 자기 언어로 감동을 표현하여 적어 두는 것이 좋다'고 생각합니다.

<u>왜냐하면 자기 언어로 자기가 좋아하는 것을 이야기하면 '좋다'라는 감정을 스스로 신뢰할 수 있기 때문입니다.</u>

제가 제1장 말미에 "자신이 좋아하는 것이나 사람을 언급하는 행위는 결과적으로 자기 어필로 이어집니다."라고 했습니다. 좋아하는 것이나 멋지다고 생각한 사람에게는 대단히 큰 영향을 받기 마련입니다. 물론 싫은 경험이나 힘든 일도 자신을 형성하는 일부가 되기도 하지만 아무래도 좋아하는 것의 영향이 더 큽니다.

그렇다면 자신을 구성하는 데 있어 큰 비중을 차지하는 좋아하는 것에 대한 언어화는 결국 자신을 언어화하는 것이기도 합니다. 그리고 뭔가를 좋아하는 이상, 그 '좋다'는 감정이 흔들리는 날은 반드시 온다고 생각합니다.

좋아하는 감정은 쉽게 흔들린다

무슨 일이 있어도 변하지 않고 계속 좋아할 거야! 라고 다짐하지만 사실 거의 불가능합니다. 어떤 아이돌을 굉장히 좋아해도 그 아이돌이 자신의 상상과는 전혀 다른 모습을 보인다면 좋아하는 마음에 물음표가 생기기 쉽습니다.

이런저런 스캔들이 일어났을 때를 생각해 보면 이해하기 쉽겠지만, 사람에 따라서는 단순히 헤어 스타일이나 메이크업을 바꿔서 이미지 변화를 주거나 혹은 의외의 취미가 있다는 사실조차도 좋아하는 감정이 흔들리는 계기가 되기도 합니다.

또는 정말 좋아하는 영화가 있는데 "그 영화, 별로야."라는 남들의 한마디로 갑자기 그 마음이 식어 버립니다. 영화뿐만 아니라 책이나 만화, 애니메이션, 음악도 마찬가지입니다. <u>다른 사람의 싫다는 내색만으로 좋아하는 감정이 순식간에 빛바랜 경험이 여러분도 한 번쯤은 있지 않나요?</u>

어른이 된 후에 좋아하는 감정이 식어 버릴 수도 있습니다. 옛날에 굉장히 좋아했던 캐릭터였지만 어른이 되고 나니 그 매력이 시큰둥해졌거나 사춘기에 빠져 살던 뮤지션의 음악이 사회인이 되면서 왠지 거리감이 느껴지는 사례는 매우 흔합니다.

맞습니다. 좋아하는 마음은 흔들리기 마련입니다. 흔들리지 않는 감정은 없습니다. 우리는 살면서 변화해 가는 생물이므로 취향도 변하는 것이 당연합니다. 좋아하는 대상이 사람이라면 그 대상도 변합니다. 우리가 원하는 대로 머물러 줄 리가 없습니다.

따라서 좋아하는 마음은 절대적일 수 없습니다. 그리고 좋아하는 감정이 흔들린다고 해도 슬퍼할 필요도 없습니다. 왜냐하면 당연한 일이 일어나고 있을 뿐이니까요. 오히려 흔들리지 않는 마음이 맹목적인 집착일 수 있습니다. 그것은 진정한 의미의 애정은 아닐지도 모릅니다.

<u>좋아하는 마음은 일시적인 덧없는 감정입니다. 그런 전제를 내포하고 있습니다.</u> 그리고 그건 슬픈 일도 그 무엇도 아닙니다.

좋아하는 마음을 언어로 보존한다

설령 좋아하는 감정이 흔들려서 소실된다고 해도 언어로 한번 남겨 두면 그 감정은 계속 자기 안에 간직할 수 있습니다.

가령 최애가 아이돌인 경우입니다. 라이브 공연과 신곡 발매를 쫓으며 즐거운 나날을 보내고 있었는데 스캔들이 터지고 맙니다. 많은 사람이 그 아이돌을 비난하고 자신 또한 충격을 받습니다.

그러다 보니 그 아이돌을 좋아하는 마음이 식었습니다. 이런 슬픈 일이 있었다고 칩시다.

여러분은 그 아이돌을 좋아했을 때 느꼈던 마음을 언어화해서 스마트폰의 메모장에 남겨 두었습니다. 시간이 지나서 스캔들 소동이 잦아들었을 즈음, 그 메모를 되짚어 봅니다. 그러면 더 이상 존재하지 않는 자신만의 마음이 거기에 저장되어 있다는 사실을 발견합니다.

굳이 "메모를 읽으면 다시 좋아하게 될 거예요!"라고 말하고 싶지는 않습니다. 다만 그때 자신이 그 감정을 느꼈다는 사실을 기억할 수 있다는 이야기입니다. <u>이제는 좋아하지 않더라도, 한때는 분명히 내 일부였던 감정이 그대로 남아 있다고 생각하면, 그 기억은 살아가면서 의외의 순간에 소중한 위안이 될지도 모릅니다.</u>

물론 사진을 남기거나 굿즈를 모으는 것도 자신의 좋아하는 마음을 보존하는 좋은 방법입니다. 하지만 좋아하는 마음은 언어로 남길 때 가장 선명합니다. 좋아하는 감정은 덧없으므로 가장 신선할 때 언어로 보존하는 게 좋습니다. 말하자면 언어라는 진공 팩에 가두는 거죠.

언젠가 다가올 좋아하는 감정이 시들해지는 순간을 내다보고 자신의 좋아하는 마음을 언어로 차곡차곡 쌓아 갑시다. <u>그 언어들</u>

<u>이 나중에 자신의 가치관이나 인생의 역사가 되어 있음을 문득 깨달을 날이 올 것입니다.</u>

　누가 뭐라고 해도, 자신이 변해도, 최애가 변해도 자신의 마음이 잘 보존된 언어가 있다면 자신의 좋아하는 감정을 신뢰할 수 있습니다.
　좋아하는 감정을 신뢰할 수 있다는 것은 자신의 가치관을 신뢰할 수 있다는 것으로 이어집니다. 왜냐하면 우리 자신은 좋아하는 것으로 이루어져 있으니까요.
　좋아하는 마음을 언어화해 갈수록 자신을 바라보는 눈이 한층 선명해집니다. 그래서 최대한 그 마음이 생생할 때 언어화해서 보존하는 편이 좋습니다.

　그러고 보니 작가 무라카미 하루키가 달리기를 축으로 한 문학과 인생의 회고록에서 한 말이 떠오릅니다.

　계속 달려야 하는 이유는 아주 조금밖에 없지만 달리는 것을 그만둘 이유라면 대형 트럭 가득히 있기 때문이다. 우리에게 가능한 것은 그 '아주 적은 이유'를 하나하나 소중하게 단련하는 일뿐이다. 시간이 날 때마다 부지런히 빈틈없이 단련하는 것.

무라카미 하루키,

『달리기를 말할 때 내가 하고 싶은 이야기』

이 말은 좋아하는 감정에도 적용할 수 있습니다. 물론 좋아하는 감정이 유효할 때는 좋아할 만한 이유를 계속 찾을 수 있을 테니 마음속은 애정으로 충만합니다. 하지만 밀월의 시간이 끝나고 좋아하는 대상의 다양한 면이 보이기 시작하면 계속 좋아할 이유를 더 이상 찾기 힘듭니다. 그런 시기가 언젠가 반드시 찾아옵니다.

그럴 때는 좋아하는 것을 멈추고 싶다는 이유가 그야말로 널리고 널렸다고 생각되기도 합니다. 그렇기에 몇 안 되는 좋아하는 이유를 언어화하고 보존해 두는 데 의미가 있습니다. <u>좋아하는 감정의 실체를 스스로 확인하는 것입니다.</u> 언젠가 좋아하지 않게 되더라도 '아, 그때 나는 이런 걸 좋아했구나' 하고 떠올릴 수 있도록 해 두는 것입니다. 뭔가 즐거운 일이라는 생각이 들지 않나요?

그 밖에도 최애에게 받은 감동을 언어화한 문장을 블로그나 SNS로 공유하면 불특정 다수의 누군가에게 전할 수 있다는 장점도 있습니다. 최애의 매력을 널리 알리면 그것을 본 누군가가 자신과 같은 최애를 좋아해 줄지도 모릅니다. 자신의 최애를 좋아해 주는 사람을 늘린다는 관점에서 좋아하는 감정을 언어화해 보는 것입니다.

  자신을 위해서도 남들을 위해서도 좋아하는 감정을 언어로 남기는 것은 굉장히 큰 의미가 있는 일입니다.

먼저 자신의 감상을 메모한다

그러면 자신의 '최애'를 언어화할 때 가장 중요한 점은 무엇일까요? 바로 '남이 쓴 감상을 안 보는 것'입니다. 다시 말해 좋아하는 감정을 자기 언어로 정리하기 전에 다른 사람의 감상을 보게 되면 언어화하는 데 큰 걸림돌이 됩니다.

요즘처럼 정보가 넘치는 시대에는 특히 유의해야 할 점입니다. 저 또한 매우 조심합니다. 신경 써서 조심하지 않으면 다른 사람의 감상이 저절로 눈에 들어오고 맙니다. 그리고 그 감상에 영향을 받습니다. 자신의 좋아하는 마음을 언어화하려고 했는데 타인의 언어로 말미암아 자신의 감정을 잃어버리는 일은 비일비재합니다.

영화 감상평을 예로 들어 봅시다. 자신과 다른 감상을 강하게 어필하는 누군가의 평가를 보고 왠지 모르게 설득당할 때가 있습니다. 그럴 때는 자신의 원래 감상이 그 사람의 감상과 같다는 착각이 들기도 합니다.

아직 자신의 좋아하는 감정을 명확하게 표현하지 못할 때는 다른 사람의 분명하고 강한 어투를 접하면 그 말에 이끌릴 수밖에 없습니다. 갑자기 이야기가 거창해집니다만, 역사적으로 볼 때 대부분의 독재자는 연설이 능숙합니다. 사람의 마음을 사로잡는 강한 어투를 잘 사용한다는 의미입니다. 강한 어투는 마음을 끌어당기는 힘이 있습니다.

다시 말해 '나도 원래는 그런 생각이었을지 몰라' 하고 공감을 불러일으키는 힘이 있습니다. 그것이 강한 어투의 속성입니다.

그래도 다른 사람의 강한 어투에 지나치게 몸을 맡겨서는 위험합니다. 그랬다가는 자신이 생각하지 못했던 것까지도 자기 생각인 양 착각하고 맙니다.

자칫하면 자신의 감상뿐만 아니라 급기야 감정, 사고, 언어까지도 잃어버리는 결과를 초래할 수 있습니다.

그럼에도 우리는 타인의 언어에 영향을 받는 생물입니다. 남들의 말을 복제하는 구조를 가진 채 살아가야 할 숙명을 가졌습니다. 하지만 그럴수록 저항해야 합니다.

언어 습관은 영향을 받더라도 생각만큼은 자신만의 방을 가질 수 있도록, 자신만의 언어를 잃지 않도록 저항해야 합니다.

그 첫걸음으로 자신의 좋아하는 마음을 언어화하기 전에 타인의 언어화를 기웃거리는 일은 그만둡시다. 구체적으로 말해서 'SNS 등 인터넷으로 최애와 관련된 감상문을 찾아보는 행동'은 먼저 자신의 감상을 다 쓸 때까지 참읍시다.

물론 타인의 언어를 읽고 자신의 감상이 떠오르는 일도 있습니다. 가령 다른 사람의 글에서 '그래 맞아! 나도 그런 점이 좋아' 하고 감상이 촉발되기도 합니다. 하지만 그건 자신의 감상을 다 쓰고 나서 해도 되지 않을까요?

'이 감동을 사람들과 나누고 싶어!' 이런 생각이 앞서 뭔가를 본 후에 바로 SNS를 기웃거리는 버릇은 저 또한 있습니다. 하지만

'좋지 않다'는 생각을 늘 합니다.

자기 언어를 구축한 후라면 다른 사람의 글을 봐도 '아, 이 사람은 이렇게 생각하는구나' 하고 객관적으로 받아들일 수 있습니다. 그러므로 SNS에서 다른 사람의 감상을 읽기에 앞서 먼저 호흡을 가다듬고 자신의 감상부터 메모합시다. 굉장히 중요한 팁이니 꼭 실천해 보시길 바랍니다.

소극적 수용력 익히기

자신의 최애에 관한 감상을 제대로 표현하지 못하면 뭔가 개운치 않고 답답합니다. 다른 사람이 빨리 언어화해 주길 기다리고 바라기도 합니다.

이런 심리를 철학자 다니가와 요시히로谷川嘉浩는 '소극적 수용력Negative Capability'이라는 개념을 사용하여 설명했습니다. 여기서 소극적 수용력이란 '답답한 기분을 품은 힘'을 의미합니다.

자세한 내용은 그의 저서인 『스마트폰 시대의 철학_잃어버린 고독을 둘러싼 모험スマホ時代の哲学_失われた孤独をめぐる冒険』이라는 책을 읽어 보시길 바랍니다. 어쨌든 저는 '최애'에 대해서도 '답답한 기분을 품은 힘'이 중요하다고 생각합니다.

애초에 '최애'를 생각하면 뭔가 답답한 법입니다. 좋아하기 때문에 이렇게 해 줬으면 좋겠다는 이상적인 바람이 생깁니다. 그래서 안타까운 부분만 눈에 들어와 답답하다든가, 같은 팬들에게도 답답한 심정을 느끼기도 합니다. 혹은 자신의 '최애'에 대한 감정을 좀처럼 언어화하지 못해 답답함을 느끼기도 합니다. 어쩌면 답답함을 느끼지 않게 해 주는 '최애'는 존재하지 않을지도 모릅니다. 그래서 그냥 두는 겁니다. 그대로 품고 있는 겁니다. 그 또한 '최애'의 소중한 모습일 테니까요.

왜냐하면 타인의 언어를 빌려서까지 흑백을 분명히 가리는 것이 정의는 아니기 때문입니다. 자신의 좋아하는 감정을 언어로 구사할 수 있을 때까지는 답답함을 품고, 그런 상황 속에서도 흔들림 없는 자기 언어를 찾아낼 수 있다면 분명 자신의 감정에 신뢰를 쌓아 갈 수 있습니다.

소극적 수용력을 몸에 익히기 위해서라도 최애를 언어화하는 것은 중요한 습관입니다.

'타인의 언어에 의존하지 않는다'는 의식 갖기

거대한 SNS 시대를 살면서 다른 사람의 감상이 눈에 들어오는 것은 피할 수 없습니다. 그렇기 때문에 '타인의 언어에 의존하지 않는다'라는 의식이 매우 중요합니다.

  타인의 언어에 기대지 않고 자기 언어를 구사하겠다는 마음으로 하루하루를 보내 봅시다. 언어화의 구체적인 요령은 이후 이야기하겠지만, 일단은 타인이 아닌 자기 언어가 정말 중요하다는 사실을 먼저 이해해 주셨으면 좋겠습니다.

  <u>타인의 언어를 빌리지 않고 자기 언어를 구사하겠다는 자세가 자기 감정에 신뢰감을 심어 줄 것입니다.</u> 거듭 강조하지만, 자기 언어로 자신이 좋아하는 것을 설명할 수 있어야 합니다. 타인의 언어는 의미가 없습니다.

  타인이 아니라 자기 언어를 사용해야 한다고 이렇게 반복해서 이야기하는 이유는 너무나도 중요하기 때문입니다.

  지금 시대는 SNS 등을 통해 '모든 사람에게 어필하는 언어'를 손쉽게 퍼트릴 수 있습니다. 옛날에는 정치인이나 작가처럼 소수에게만 대중 앞에서 이야기할 기회가 주어졌지만, 오늘날은 누구라도 다수를 대상으로 말할 수 있습니다. 인터넷의 긍정적인 면입니다. 저 또한 그 혜택을 받고 있으며, 제가 서평한 알려지지 않은 책이 언급된 글을 발견하면 무척 기쁩니다.

하지만 한편으로는 위험하다는 생각도 늘 뒤따릅니다. 자신의 공유가 초래할 영향을 생각하지 않는 사람의 언어가 여러 사람에게 무차별적으로 노출됩니다. 그러다 보니 대중이 호응할 만한 강한 어투의 사용이 빈번해집니다. 결국 자신의 진심과는 동떨어진 지나친 언어들을 남발하는 지경까지 이르기 십상입니다.

그리고 그런 강한 어투를 아무 생각 없이 자기 언어인 양 떠벌리고, 자신의 감상을 언어화하기 전에 타인의 무분별한 언어를 '자기 언어'로 착각해 버린다면 어떨까요? 상상만 해도 위험천만합니다. 타인의 생각을 자기 생각으로 인식한다는 것은 뇌가 세뇌되기 쉬운 타입으로 바뀐다는 것을 의미합니다. 그런 건 싫지 않나요?

고작 최애에 관한 글에 세뇌라니 과장이라고 생각할지도 모르겠습니다. 물론 그렇기는 하지만 자기 언어를 구축한 후에 타인의 언어를 접하는 방식이 여러 가지 위험에 노출되지 않도록 막아주는 것 또한 사실입니다.

기껏 최애인데? 라고 생각할지 모르겠지만 그래도 최애입니다. 다른 사람에게 의존하지 말고 자기 언어를 찾아봅시다. 세뇌당하지 않고 자신의 머리로 계속 생각하려면 자기 언어 구축하기가 무엇보다 중요합니다.

'감상을 이야기하는 일'은 타인과 자기 언어를 비교하는 일이기도 하므로 자기 언어를 구축하는 연습에 효과적입니다. '같은 걸 봤지만 느낌은 다르다'라는 경험의 반복은 자신과 타인의 경계에 대한 인지력 향상에 기여할 뿐만 아니라 타인이 아닌 자기 언어를 구축하는 데 도움이 됩니다.

자기 언어를 구축하기 전, 거쳐야 할 세 가지 과정

다소 추상적인 마음가짐에 관한 이야기는 여기까지입니다. 그러면 지금부터는 '감상을 언어화하기 전에 해야 할 일'에 관해 구체적으로 설명하겠습니다.

가령 최애에게 팬레터를 쓴다고 합시다. 최애의 공연 기간 중 다섯 번은 쓸 작정입니다. 그렇다면 5회분의 팬레터 소재를 짜내야 합니다. 하지만 도무지 다섯 번을 채울 엄두가 나지 않습니다.

다음은 이와 같은 상황에서 SNS를 통해 다른 사람의 감상을 찾아보기 전에 거쳐야 할 과정입니다.

① 좋았던 점을 구체적인 예로 든다.

② 감정을 언어화한다.

③ 잊지 않도록 메모한다.

즉 마음이 동요한 부분을 구체적인 예로 든 다음 자신의 감정을 언어화하고, 그것을 기록하는 순입니다.

물론 ①~③의 과정을 생략하고 바로 기록하는 단계로 가도 좋지만, 이 과정이 익숙해지면 쓰기가 굉장히 편해지므로 습관화하길 추천합니다. 이 과정이 능숙해지면 ①~②의 과정은 머릿속으로 바로 떠올릴 수 있고, 어느새 메모를 끄적거리는 자신의 모습을 발견할 것입니다.

저는 다른 사람의 감상을 보기 전에 이 과정을 거칩니다. 그런 다음 다른 사람의 감상을 찾아봅니다. 본격적인 감상을 실제로 쓸지는 일단 제쳐두고 SNS를 보기 전에 '쓰기 전 준비를 다 마치는' 습관이 있습니다.

예를 들면 서평가로서 재미있는 책을 만났을 때, 혹은 좋아하는 다카라즈카 공연을 봤을 때나 좋아하는 영화, 만화를 접했을 때…, 일단 ①~③의 과정을 거칩니다. 그리고 일기나 메모에 서둘러 감상을 써 둡니다(이후, 제대로 된 문장으로 다듬을지는 경우에 따라 다릅니다).

한번 ①~③의 과정을 끝내 두면 나중에 갑자기 SNS에 글을 써야 하거나 팬레터를 쓰고 싶어졌을 때 메모를 다시 읽으면 당시의 감정을 떠올릴 수 있어 꽤나 편리합니다.

좋았던 점을 세밀하고 구체적으로 꼽아 본다

그러면 앞서 소개한 세 가지 과정에 관해 세부적인 설명을 덧붙이겠습니다. 이 세 가지 과정에서는 '자신이 무엇에 감동했는가? 어느 부분이 재미있었는가? 왜 그 장면은 못마땅했나? 위화감을 느꼈다면 이유는 무엇인가?'와 같은 자문자답을 통해 자신의 감정을 면밀하게 살펴볼 수 있습니다.

이때 가장 중요한 포인트는 다음과 같습니다.

대개 '언어화는 어휘력이 필요하다'고 인식하는 사람이 많습니다. 책을 읽고 어휘력을 길러야 한다, 라는 말을 많이 들어 봤을 겁니다. 하지만 최애의 매력을 언어화할 때 정작 중요한 요소는 어휘력이 아닙니다.

어휘력이 아니라면 무엇이 필요할까요? 바로 세분화입니다. 언어화는 얼마나 세분화할 수 있느냐가 관건입니다.

가령 여러분이 좋아하는 아이돌의 라이브 공연에 관해 이야기하고 싶다고 합시다. '라이브 너무 좋았어. 그 마음을 언어화하고 싶어' 이렇게 생각했을 때 우선해야 할 일은 나는 '어느 부분'이 좋았는지를 구체적으로 떠올리는 것입니다. 조목조목 글로 써도 됩니다. 예를 들면 다음과 같은 식입니다.

구체적인 예

- 오프닝 송으로 ○○의 곡을 선택한 것
- ○○의 타이밍에서 '○○'라는 발언이 나온 것
- ○○의 댄스 실력이 향상된 것
- ○○의 의상이 예뻤던 것

여기에 '감상'을 적어도 되지만 무리해서 쓰지 않아도 괜찮습니다. 일단은 마음을 움직이게 한 부분을 세밀하고 구체적으로 꼽아보는 것이 중요합니다.

좋았거나 감동한 포인트를 꼽아도 되고, 반대로 싫었거나 위화감을 느낀 포인트를 꼽아도 됩니다. 전체적으로는 좋았지만 조금 아쉬운 부분도 반드시 있을 겁니다. 무리해서 리스트업할 필요는 없지만 써 두면 나중에 감상을 쓸 때 도움이 됩니다.

구체적인 예를 드는 방법

라이브 감상이라면 71쪽에 구체적인 예를 제시했으니 참고하면 좋겠습니다. 다음은 장르별로 참고할 만한 항목들을 정리했습니다.

픽션(소설·영화·만화·공연 등)
- 좋아하거나 좋아하지 않는 캐릭터
- 인상에 남는 대사
- 굉장히 마음에 남는 장면
- 깜짝 놀란 전개
- 끝까지 이해하지 못한 것

이벤트(음악 라이브·쇼 등)
- 공감되는 가사
- 좋았던 장면이나 곡

- 마음에 들었던 무대 장치
- 인상적이었던 의상
- 느낌이 좋았던 출연자

사람(아이돌·배우·뮤지션·연예인 등)
- 공감되는 말과 행동
- 좋아하게 된 계기
- 지금까지 가장 좋다고 생각한 모습
- 좋아하는 헤어스타일이나 복장
- 해 줘서 기뻤던 일

어디까지나 일례입니다만, 저는 이런 식으로 메모를 구체적으로 남깁니다. 그리고 어디까지 망라해서 메모할지는 여러분이 얼마나 메모할 의지가 있는가에 달렸습니다.

참고로 저는 메모광이라서 구체적인 예를 최대한 많이 기록해 두기를 좋아하지만, 메모가 서툰데도 무리해서 감동 포인트를 모조리 메모하겠다는 압박감을 느낄 필요는 없습니다. 그것보다 한 가지라도 좋으니 구체적으로 적어 둡시다. 그것이 무엇보다 중요합니다.

그리고 자신에게 거짓 없이 솔직하게 적는 것도 중요합니다. 무리해서 좋아하는 마음을 짜내는 것이 아니라 어색함이나 거리감, 이질감과 같은 감정도 담아내면 자기감정을 깊이 있게 언어화할 수 있습니다. 거짓으로 꾸며 내지 않고 즐길 수 있는 범위에서 마음을 움직인 포인트를 구체적으로 꼽는 것이 요령입니다.

감동 포인트를 세분화해야 하는 이유

마음이 움직인 포인트를 구체적으로 리스트업할 때 주의할 점은 가능한 한 세분화해야 한다는 것입니다. 이는 세분화하여 최대한 많이 리스트업을 해야 한다는 의미는 아닙니다. 추상적이지 않으면서도 세분화하면 할수록 좋다는 뜻입니다.

구체적인 예를 세밀화하면 어떤 점이 좋을지 살펴보겠습니다.

감상의 개성은 세분화에서 비롯됩니다. 예를 들어 라이브를 보고 '대박!'이라는 말밖에 나오지 않는다는 고민은 라이브의 '어디'가 대박인지 말할 수 있으면 해소됩니다. 라이브로 '좋아하는 곡을 들을 수 있어서', '현란한 연주나 멋진 춤을 직접 볼 수 있어서'와 같은 감동받은 최고의 순간을 세분화하면 어휘력이 없어도 여러분의 개성 넘치는 감상을 말이나 글로 표현할 수 있습니다.

여러분을 감동시킨 포인트가 어디인지를 세분화하여 리스트업하면 여러분의 감상은 자신만의 언어가 됩니다.

   구체적인 예를 세분화하면 다른 사람의 감상과 차별성을 높일 수 있습니다. 물론 억지로 남들과 다른 감상을 찾으려고 애쓸 필요는 없지만 그래도 여러분의 개성이 잘 드러나는 감상이어야 감상을 기록하는 데 의미가 부여됩니다.

   정리하면, 언어화란 세분화를 의미합니다. 감상뿐만 아니라 이 세상의 모든 언어화는 세분화가 먼저 필요합니다. 언어화라고 하면 뭔가를 똑같이 바꿔 말한다는 식으로 들리는데, 아닙니다. <u>언어화란 어디가 어땠는지를 세분화하여 각각의 언어로 만들어 가는 작업입니다.</u>

언어화란 세분화하는 것!

++++++++++++++++++++++++++

> '최애가 최고!'라는 말밖에 떠오르지 않아 답답하다.

→ '최애가 ○○'와 같이 다른 어휘로 바꿔 말하는 것이 아니라…
→ 최애의 어디가 최고인지 세분화한다.

++++++++++++++++++++++++++

(예)

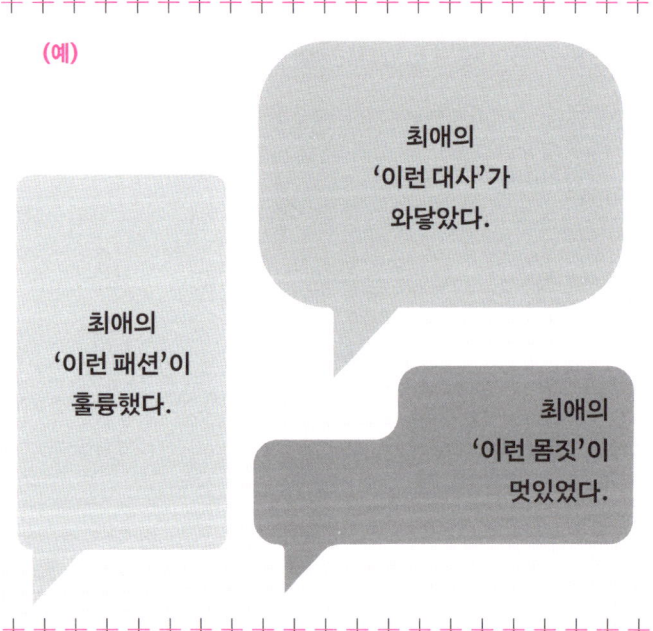

최애의 '이런 패션'이 훌륭했다.

최애의 '이런 대사'가 와닿았다.

최애의 '이런 몸짓'이 멋있었다.

++++++++++++++++++++++++++

감정의 언어화에는 패턴이 있다

먼저 어떤 감정인지 메모한다

앞서 마음을 움직인 감동 포인트를 세분화하여 구체적으로 리스트업하는 과정을 살펴봤습니다.

그다음에 해야 할 일은 '감정을 언어화'하는 과정입니다. '어떤' 감정이었는지를 상기시키고 왜 그런 감정이 들었는지 쓸 수 있으면 좋습니다.

즉 ①에서 구체적인 예로 '어디'를 들고, ②에서 '어떤' 감정이 '왜' 들었는지를 설명합니다. 감정이 동요된 점에 관해 ①에서

WHERE를, ②에서 HOW와 WHY를 언어로 표현해 내는 것입니다.

먼저 '어떤' 감정이 들었는지 ①에서 리스트업한 것을 각각 써 봅니다. 예를 들어 '○○라는 대사'를 ①에서 꼽았다면 그 대사가 어떤 인상을 주었는지를 서술합니다. 그런 식으로 ①에서 꼽은 모든 항목에 감상을 적습니다. 해당 대사나 장면을 어떻게 생각했는지에 초점을 맞춰 기록합니다.

왜 그런 감정이 생겼는지 생각한다

그다음에는 앞에서 작성한 감정에 대해 '왜 그런 감정이 들었는지'를 씁니다. 이유가 잘 생각나지 않는다면 다음에서 설명하는 내용을 참고해 봅시다. 먼저 '긍정적인 감정이 든 이유'에 대해서입니다. '부정적인 감정'은 뒤에서 다시 설명하겠습니다.

긍정적인 감정이 생긴 이유를 떠올릴 때
① 자기 경험과의 공통점 찾기
자신이 겪은 에피소드와 어떤 공통점이 있는지 찾습니다. "자신도 같은 경험을 했는데 그때 품었던 감정을 여기서도 느낄 수 있었

다"라는 식입니다. 픽션의 감상을 쓸 때 요긴한 방법입니다.

② 좋아하는 것과의 공통점 찾기

자신이 좋아하는 것과 비슷하다고 느끼는 점이 있다면 그 공통점을 생각해 봅니다. 전혀 다른 장르라도 과거에 자신이 좋아하던 것과 유사하면 긍정적인 감정을 품는 경우가 흔합니다. 오히려 다른 장르에서 공통점을 찾아 언어화하는 것이 개성을 확보하는 데 훨씬 효과적입니다.

③ 어디가 새로운지 생각하기

익숙한 장르에서 특별히 좋다는 감정이 생길 때는 '새로움'에서 비롯되는 경우가 많습니다. 지금까지 없었던 요소, 아쉬웠던 부분 등, 새로운 무언가가 보강되었을 때 좋다는 감정이 밀려옵니다.

새로움을 발견했다면 그것을 말로 표현해 봅시다. 지금까지와는 다른 점을 언어화해 보는 것입니다.

저는 이상의 세 가지 힌트로 '왜 그것이 좋다고 느끼는지'를 생각합니다.

재미란 '공감' 혹은 '놀람'이다

시인 호무라 히로시 穂村弘는 『단가의 친구 短歌の友人』라는 단가 해설서에서 어떤 단가가 좋다고 느끼는 이유는 '공감' 혹은 '놀람' 중 하나의 감정을 불러일으키기 때문이라고 했습니다.

'공감'이란 자신의 기분이나 감정에 딱 맞아떨어지는 말을 들었을 때의 쾌감입니다. 즉 자신과 같은 마음을 접했을 때 느껴지는 기쁨입니다. 여기서 말하는 '공감'은 결코 '나도 같은 경험을 했다'는 의미에 머물지 않습니다. '나도 같은 것을 좋아한다'라는 취향의 동질감에서 오는 공감입니다.

한편으로 '놀람'이란 지금까지 본 적 없는 미지의 세계를 만났을 때의 쾌감입니다. 새로운 표현 방식, 예기치 못한 반전, 의외성에서 비롯된 감동입니다. 마술을 보는 듯한 느낌입니다.

이와 같은 분류는 결코 단가의 세계에만 머물지 않습니다. 세상의 창작물에서 느껴지는 재미는 결국 이 두 가지로 나눌 수 있습니다. 물론 '최애'에 감동했을 때도 이 분류를 적용할 수 있습니다. 여러분이 느꼈던 감동도 '공감' 혹은 '놀람' 중 어느 하나일 것입니다.

같은 것을 좋아한다='원재료'가 같다

'자신과 같은 취향의 원재료'를 가지고 있는 사람일수록 취향이 비슷한 법입니다. '원재료'가 무엇인지 구체적으로 이야기하면, 자신이 학창 시절에 좋아했던 음악 밴드, TV 프로그램, 만화 잡지, 영화, 책, 선생님이나 부모님의 말씀, 싫었던 반 친구의 성향 등입니다.

어디까지나 하나의 예이지만 살면서 자신이 발견해 온 좋아하는 마음과 싫어하는 마음의 가치 기준인 원재료가 겹치면 서로가 좋아하는 것도 같을 가능성이 높습니다. 어쩌면 크게 히트한 콘텐츠는 그 원재료가 많은 사람에게 폭넓게 공유된 것인 경우가 많습니다. 말하자면 모두가 좋아했던 것이 바탕을 이룬 콘텐츠인 셈입니다.

그런 의미에서 여러분이 지금 좋아하는 것은 옛날에 여러분이 좋아했던 것이 원조일 가능성이 높습니다. 그리고 '저도 이런 거 좋아해요!' 하고 원조를 서로 공유하고 공감대를 형성하면서 감동을 촉발합니다.

즉 지금 '저도 이거 좋아해요!' 하고 공유하는 것의 뿌리는 과거에 좋아했던 원재료가 근원입니다. 그 근원을 찾는 것 또한 감상의 언어화로 이어집니다.

감상을 언어화하는 세 가지 방법

'감상의 언어화'는 왜 그런 감상을 품었는지 그 원인을 생각해 보는 작업입니다. 원인을 생각한다는 것은 그 근원이 되는 존재를 확인한다는 의미입니다. 지금 내가 느끼는 감정의 근원은 무엇일지 감각으로 찾아봅시다.

긍정적인 감정을 언어화하는 과정

(1) ① '공감'(이미 자신이 경험한 것 / 비슷한 취향) 혹은,

② '놀라움'(지금까지 본 적 없는 의외성) 중 어느 쪽인지를 생각한다.

(2) ① '공감'인 경우

— 자기 경험과의 공통점을 찾는다.

— 좋아하는 것과의 공통점을 찾는다.

② '놀라움'인 경우

— 어디가 새로운지 생각한다.

긍정적인 감상이라면 (1), (2)의 과정을 연습해 봅시다. 분명 그 감상을 언어화할 수 있을 것입니다.

물론 이 과정을 잘 수행하려면 자신의 원재료가 풍부해야 합니다. 책을 많이 읽으면 '아, 이 소설은 그 소설과 비슷하구나'라고 생각할 수 있고, 음악을 많이 들으면 '이 곡은 이런 점이 새롭구나'라

고 분석할 수 있습니다. 또 라이브 공연도 관련 장르를 잘 아는 사람일수록 '우아, 이런 아이돌은 본 적이 없어!' 하고 의외성을 깨달을 수 있습니다. 그래서 <u>자신의 원재료가 많을수록 감상을 언어화하기가 쉽습니다.</u>

한편으로 처음 접하는 장르라면 '뭐지? 말로 표현하기 힘든 감동이 밀려오는데?'와 같은 설렘을 느낄 수 있습니다.

십 대 때의 감동이 선명한 이유는 아마도 언어화되지 않은 감정이 넘치고, 미지의 대상이 많아서 '놀라움'의 감동을 충분히 느낄 수 있었기 때문일지도 모릅니다.

반면에 나이가 들수록 풍성한 원재료를 모으게 되고, 그에 따라 감상은 달라집니다. 우리가 할 일은 그저 나이와 상관없이 지금의 방식으로 최애를 즐기는 것입니다.

부정적인 감상을 가졌을 때의 언어화

지금까지 '긍정적인 감정이 생긴 이유를 떠올릴 때'의 언어화 요령을 소개했습니다. 그러면 '부정적인 감정이 생긴 이유를 떠올릴 때'의 언어화 요령도 설명하겠습니다. 부정적인 감상의 언어화는, '싫다'는 말을 비롯해서 미묘하게 이질감이 든다거나 부자연스러운의 감정을 표현하는 것입니다.

부정적인 감상의 언어화는 긍정적 감상일 때보다 훨씬 어렵습니다. 싫은 사람에 대한 험담도 그렇습니다. 누군가의 험담으로 이야기가 한창인 자리에서 다른 사람의 말에 동조하기는 쉽지만, '혼자서 진지하게 싫은 이유'를 언어화하기는 어렵습니다. 미묘한 이질감이나 부자연스러운 감정을 타인의 언어를 빌리지 않고 자신만의 언어로 표현하기는 상당히 난도가 높은 작업입니다.

왜냐하면 <u>자신의 부정적인 감정은 자신의 콤플렉스나 부정적인 경험과 관련된 경우가 많기 때문입니다.</u>

앞서 긍정적인 감상에서 '모든 취향에는 원재료가 있다'고 했는데, 반대로 '모든 험담에도 원재료가 있다'고 볼 수 있습니다. 즉 부정적인 감상의 언어화도 부정적인 마음을 품은 원재료를 자신 속에서 찾아낼 필요가 있는 셈입니다.

앞서 소개한 긍정적인 감정을 언어화하는 세 가지 포인트를 기억하실 겁니다.

긍정적인 감정이 생긴 이유를 떠올릴 때
① (공감인 경우) 자기 경험과의 공통점 찾기
② (공감인 경우) 좋아하는 것과의 공통점 찾기
③ (놀라움인 경우) 어디가 새로운지 생각하기

그러면 이것을 부정적인 감정 버전으로 바꿔 봅시다.

부정적인 감정이 생긴 이유를 떠올릴 때

① (싫었던) 자기 경험과의 공통점 찾기

② (자신이 이미) 싫어하는 것과의 공통점 찾기

③ 어디가 뻔했는지 생각하기

부정적인 감정이 생겼을 때의 언어화는 이 세 가지를 생각하는 것입니다.

부정적인 감정은 불쾌함일까 지루함일까

먼저 여러분이 느낀 부정적인 감정이 명확한 불쾌함인지 혹은 지루함인지를 구별해 봅시다.

'불쾌함'이란 '기분이 나쁘다', '심란하다', '가슴이 아프다'와 같은 기분이 두드러진 감정입니다. 즉 부정적인 위화감을 말합니다.

한편으로 '지루함'이란 '재미없다', '뻔하다', '자극이 없다' 등과 같이 특별할 게 없다는 실망스러움입니다. 긍정적인 감정은 '공감'과 '놀라움'으로 분류한 바 있는데, 부정적인 감정은 '불쾌함'과 '지루함'으로 분류할 수 있습니다. 뭔가 불쾌한 점이나 특별할 게 없어서 지루한 점이 없는지, 먼저 어느 쪽의 감정인지를 생각해 봅시다.

불쾌함의 이유 찾기

뭔가 두드러지게 싫다는 느낌, '불쾌함'이 든다면 그 감정을 품게 된 원인을 다음 두 가지 항목에 맞춰 생각해 봅시다.

① 자신의 (싫었던) 경험과의 공통점 찾기
② (자신이 이미) 싫어하는 것과의 공통점 찾기

좋아하는 것에 원재료가 있듯이 싫어하는 것에도 원재료가 있습니다. 왜냐하면 아무것도 없는데 불쾌함이 갑자기 생기지는 않으니까요. '뭔가 껄끄럽고 싫다'라는 생각에는 어떠한 근원적인 경험이 있습니다.

불쾌함의 이유가 픽션의 캐릭터이거나 사람과의 에피소드라면 현실의 경험일지도 모릅니다. 혹은 패션이나 이야기의 결말이면 이미 알고 있는 무언가 중에 똑같이 싫어하는 것이 있을지도 모릅니다. '내가 이런 패턴을 싫어하는구나' 하고 싫어하는 것의 공통점을 언어화해 봅시다.

참고로 저는 '세상과 당신 중에 어느 쪽을 구할지 결정하라!'와 같은 패턴의 서사에 약합니다. 그러한 선택지가 등장하면 뭐랄까, 그냥 '코미디'처럼 느껴집니다. 여기에 제가 부정적인 감정을 품는 이유는 '주인공의 무개념'을 쉽게 받아들이지 못하는 성향이기 때문입니다.

'세상과 당신 중에 어느 쪽을 구할지 결정하라!'라는 말 속에는 '세상'에 포함된 여러 의미를 제대로 이해하려고 하지 않는다는 뉘앙스가 풍겨서, 그런 무개념이 용납되는 패턴의 이야기가 질색인 것입니다.

그래서 '무개념은 질색'이라는 공통점을 찾다 보면 '저 캐릭터도 개념이 없어서 싫어!'라는 생각에까지 도달하고, 결국 현실에서의 자기 경험까지도 떠오릅니다. '꽤나 귀찮은 작업이구나' 하고 생각할지도 모르겠네요. 이처럼 좋아하는 감정보다 싫어하는 감정을 언어화하는 작업이 훨씬 어렵습니다.

지루함의 이유 찾기

이번에는 부정적인 감정이 '지루함'인 경우입니다. '싫거나 마음에 들지 않는다'와 같이 두드러진 불쾌함은 없지만 참신하지 않고 재미가 느껴지지 않는 상태입니다. 이럴 때는 지루함의 원인으로 어딘가 뻔한 요소가 없는지 찾아볼 필요가 있습니다.

맞습니다. 여기서도 구체성이 중요합니다. 결코 전체적으로 지루했다는 식의 결론으로 끝낼 게 아니라 어떤 요소가 뻔해 보였는지를 생각해 봐야 합니다.

예컨대 이야기라면 '캐릭터가 평범했다', '결말이 예상한 대로였다', '대사가 너무 평이했다'와 같은 결론이 나올 수 있습니다. 또 사람이라면 어떤 요소가 자신의 눈에는 뻔해 보였는지 구체적으로 생각하는 것입니다.

전체적으로 그냥 지루했다는 식의 평가는 누구나 할 수 있는 말입니다. 도대체 어디가 지루한지 그 요소를 밝혀내야 합니다. 이를 통해 여러분의 감상은 여러분 자신만이 쓸 수 있는 언어로 거듭납니다.

긍정적인 감정도 부정적인 감정도 어쨌든 구체적으로 세분화해야 언어화의 개성이 확보됩니다.

일반론으로 말하지 않는다

부정적인 감상을 쓸 때 가장 주의해야 할 점은 결코 일반론으로 생각해서는 안 된다는 것입니다. 어디까지나 '자신'의 감정을 최우선해서 생각하는 데 주력합시다.

'여러분'도 이 부분이 싫죠? 라는 식으로 접근하기 시작하면 감상이 늪에 빠지고 맙니다. 일반론이 아니라 자신이 싫다고 느끼는 점을 깊게 파고듭시다.

제5장에서도 다루겠지만, 모두를 향한 감상을 쓸 때도 일단은 자신의 감상을 철저히 언어화한 후에 모두가 대상인 형태로 가공해야 합니다. <u>결코 모두를 대변하려고 애쓰지 말고 우선은 자기 언어를 만드는 데 전념합시다. 그것이 훌륭한 감상을 쓸 수 있는 지름길입니다.</u>

긍정적인 감상도 부정적인 감상도 자신의 감정을 언어화하는 것이 중요합니다. 특히 부정적인 감상은 일반론으로 빠지기 쉽습니다. 어쩌면 '비판하는 사람이 나 혼자만은 아니다'라는 점을 어필하고 싶기 때문일지도 모릅니다. 무리에서 벗어나는 것을 꺼리는 인간의 본능이 아닐까 싶습니다.

그렇다고 해도 일단은 자신의 감정을 언어화하는 것이 좋다고 이야기하고 싶습니다. 왜냐하면 자신의 감정을 언어화하지 못하면 타인의 감상과 구분되는 경계선을 알 수 없기 때문입니다. 다른 사람들의 감상과 자신의 감상이 섞이지 않도록, 자신의 감상을 먼저 메모하는 습관을 기릅시다. 부정적인 감상의 언어화 과정은 다음과 같습니다.

부정적인 감정을 언어화하는 과정

(1) ① '불쾌함'(확연히 싫다는 감정을 품고 있다) 혹은,

② '지루함'(뻔하고 재미없다고 느낀다) 중 어느 쪽인지를 생각한다.

(2) ① '불쾌함'인 경우

— 자신의 (싫은) 경험과의 공통점을 찾는다.

— (자신이 이미) 싫어하는 것과의 공통점을 찾는다.

② '지루함'인 경우

— 어디가 뻔한지 생각한다.

메모의 범위를 정해 둔다

그러면 지금까지 살펴본 마음을 동요시킨 요소를 세분화하고 감정과 그 원인을 언어화하는 과정을 메모로 남겨 봅시다. 이것이 '감상을 언어화하기 전에 필요한 세 가지 과정'입니다..

감상을 언어화하기 전에 필요한 과정

① 좋았던 부분을 구체적으로 예로 든다.

② 감정을 언어화한다.

③ 잊지 않도록 메모한다.

여기서 중요한 포인트는 SNS로 타인의 감상을 살펴보기 전에 이 과정을 거쳐야 한다는 점입니다.

처음에는 타인의 감상이 궁금해서 괴로울 수도 있지만 몇 번 하다 보면 익숙해지니 꼭 실천해 봅시다.

그렇지만 'SNS도 금지고, 감정을 구체적으로 모조리 메모해야 한다고? 정말 귀찮군!'이라고 생각하는 분도 계실지 모릅니다. 아무래도 전부 다 메모하기는 어려울 수 있으므로 스스로 규칙을 정해 둡시다. 예를 들면 다음과 같은 식입니다.

구체적인 예

- 감상으로 남기고 싶은 요소는 모두 메모해 둔다.
- 감정의 원인까지 깊이 생각해 봐야 할 요소는 한가지로 정한다.

일단 '좋았던 부분의 구체적인 예'를 생각나는 대로 리스트업한 후에 전체를 살펴보면서 그래도 가장 마음에 들었던 하나를 꼽습니다. 그런 다음 그 부분에 관해 좀 더 깊이 생각한 뒤 다듬어 보는 식으로 규칙을 정하는 것입니다.

또는 '공연을 보고 나서 팬레터를 써야겠어. 다섯 번 정도 쓸 거니까 감상으로 남길 요소를 생각해 두고, 팬레터를 쓸 때 다듬어 봐야겠어'라는 식도 좋고, '이 만화에 대한 감상을 블로그에 남기고 싶은데, 이번에는 이 캐릭터에 대한 감상만 쓰자'라는 식도 좋습니다.

　이처럼 여러분이 쓰고 싶은 감상의 분량에 맞춰 얼마나 메모할지를 결정합시다.

비공개 일기 쓰기

　메모는 '자신만 볼 수 있는 곳'에 쓰기를 추천합니다.
　SNS를 메모 대신 사용해도 좋지만 아무래도 부정적인 감정을 쓸 때 다소 망설여집니다. 게다가 다른 사람이 볼 수 있는 곳이라면 본의 아니게 말투에 신경을 쓰게 됩니다. 뿐만 아니라 자신의 감상을 다른 사람이 보면 어떻게 생각할지 의식하기 시작하면 자신만의 언어를 좀처럼 찾기 힘듭니다.

　저는 저밖에 볼 수 없는 '비공개 블로그'를 일기장 대용으로 활용하는데 거기에 감상도 메모합니다. 물론 스마트폰 메모 앱도 좋고 수첩에 쓰는 것도 좋습니다. 나중에 찾아보기 쉽고 자신만 볼 수 있는 곳이면 됩니다.

　물론 감상을 SNS에 무작정 휘갈겨 쓰고 팬클럽 친구와 공유하는 것도 최애를 즐기는 방법 중 하나입니다. 자신에게 맞은 균형점을 찾아봅시다. 개인적으로는 '자신만 보는 메모'를 써 보는 방식을 추천합니다.

최애에 관해 홀로 고독하게 써 보자

사실 '자신만 보는 언어'와 '타인에게 보여 주는 언어'는 크게 다릅니다. 타인에게 보여 주는 언어는 무의식적으로 '남에게 좋게 보이려고 사용하는 언어'를 남발하기 십상입니다. 오늘날 우리는 SNS라는 거대한 세계 속에 살고 있기에 그 정도가 더 심할 수밖에 없습니다.

'좋아요' 수가 보이고 누구든 볼 수 있는 SNS 공간이라고 생각하면 아무래도 타인의 가치관을 반영할 가능성이 높습니다. 이는 인간의 타고난 성향이므로 비난받을 일은 아닙니다. 오히려 사교적이라고도 볼 수 있습니다.

하지만 그런 공개된 곳에 남들과 다른 의견을 쓰려면 다소 용기가 필요합니다. 자신의 감상을 메모하는 것뿐인데 그런 용기를 낼 필요가 있을까요? 그러므로 자기만 볼 수 있는 곳에 언어화하는 것이 속 편하고 좋습니다.

타인에게 보여 주는 언어는 자신의 메모를 통해서 만들어 가면 됩니다. 여기에 대해서는 다음 장에서 설명하겠습니다.

우선은 홀로 고독하게 메모해 봅시다. 자신만을 위한 메모가 여러분의 감상에 개성을 부여해 줄 것입니다. 참고로 메모는 혼자 쓰는 것이 가장 자유롭고 즐겁다고 생각합니다.

우리는 타인과 자신의 가치관이 무의식적으로 섞이는 거대한 SNS 시대를 살고 있습니다. 물론 섞여도 좋지만 지나치면 다른 사람의 감정과 거리를 둘 수 없습니다.

어딘가에서 누군가에게 세뇌당해도 알아차리지 못합니다. 그런 위험을 피하기 위해서라도 먼저 자기 언어를 구축할 필요가 있습니다.

최애에 관한 자신만의 감상을 쓰는 것은 부담 없이 '자기 언어를 구축'하는 첫 단계입니다.

<u>자신의 감상을 쌓아야 여러분 자신만의 개성 있는 언어를 만들 수 있습니다.</u> 그것은 자유롭고 즐거운 작업입니다.

개성이 넘치는 감상은 최애에 대한 자신의 확고한 신뢰로 이어집니다. 그리고 그것은 인생의 가치관을 만들어 냅니다. 이런 식

으로도 최애를 즐길 수 있는 것입니다.

    최애를 홀로 고독하게 언어화(메모)하는 작업이 생각만큼 그렇게 나쁘지는 않습니다!

제3장

245

최애의 매력

이야기하기

최애를 이야기한다는 것은 의외로 어렵다

생각해 보면 최애에 관한 이야기를 할 기회는 참 많습니다. 예를 들면 SNS에 라이브 공연 감상을 쓴다거나 친구들과 연극을 보고 카페에서 수다를 떨 때, 아니면 저녁 식사 자리에서 오늘 본 영화를 가족에게 이야기할 때와 같이 말입니다.

저 또한 뭔가 멋진 모습을 보면 당시의 감동을 언어화하고 싶어서 괜히 누군가에게 말을 걸곤 합니다. 물론 감상을 말하기 위해서입니다.

하지만 최애에 관해 이야기하는 것은 꽤 어려운 일입니다. 같은 장르를 좋아하는 사람에게 "그거 참 좋죠?"라고 호응을 유도하면서도 과연 자신의 의견에 공감해 줄지, 아니면 싫다고 할지 신경 쓰입니다. 또 자신이 좋아하는 것만 이야기해서 상대가 지루해할까 봐 걱정이 되기도 합니다.

최애를 전혀 모르는 사람에게 최애의 매력을 알아주길 바라거나, 어떻게든 어필하고 싶다는 마음이 강하면 자칫 너무 전문적인 용어를 남발할 수 있어 결국 매력이 잘 전해지지 않기도 합니다. 또 상대가 "도대체 그 사람의 어디가 좋은 거야? 그런 타입을 좋아하는 거야?"라는 반응 보이면 "그런 이야기를 하려는 게 아니야!" 하고 머리를 감싸기도 합니다.

취향이 같든 아니든 '최애를 이야기하는 것'은 참 어려운 일이지만, 그럼에도 최애를 이야기하고 싶을 때가 있습니다. 좋아하는 것을 다른 사람과 공유하고 싶고 그런 마음을 언어로 표현해 보고 싶습니다. 그렇게 좋아하는 것을 즐기며 사는 게 바람직한 인생이 아닐까요?

<u>언어는 좋아하는 감정, 좋아하는 경치, 좋아하는 존재가 사라져</u>

도 언제든 꺼내서 즐길 수 있게 보존하기 위한 도구입니다. 여러분이 자신의 감정을 간직하는 방법은 언어로 구사하는 것뿐입니다. 그런 의미에서 가볍게, 부담 없이 최애를 이야기합시다.

이 장에서는 '최애를 이야기하는 방법'에 대해 설명하겠습니다.

시작은 '최애'의 인지도 파악

최애에 대해 이야기할 때 우리는 친구와의 수다, 불특정 다수를 향한 공유, 팬레터, SNS 업로드 등 여러 가지 수단을 생각해 볼 수 있습니다.

먼저 '누군가를 향해 말하는 방법'에 대해 이야기해 보겠습니다. 즉 친구, 가족, 지인, 파트너 등 다양한 대상에게 최애의 매력을 이야기하는 요령입니다.

먼저 상대가 자신의 최애를 얼마나 알고 있는지, 그리고 어떻게 생각하고 있는지를 파악하는 것부터 시작해야 합니다. 최애의 존재를 아는지, TV에서 본 적은 있는지, 아니면 이름조차도 모르는지, 어떤 이미지인지….

또 만약 상대도 마찬가지로 최애를 좋아하는 사람이라면 얼마나 좋아하는지, 자신만큼 좋아하는지, 최애를 어떤 식으로 보고 있는지, 좋아하는 관점은 무엇인지 등과 같이 상대에 대한 정보를 아는 것도 중요합니다.

상대와의 거리 파악

원래 '공유'란 자신과 상대와의 거리를 파악하는 것부터 시작됩니다. 이는 최애를 이야기할 때만 국한되지 않습니다. 면접, 프레젠테이션, 유튜브, 강연 등 모두 다 똑같습니다.

<u>어떤 정보를 누군가에게 전달한다, 즉 '공유'와 관련된 활동은 모두 상대와의 거리를 먼저 파악하는 것에서 시작해야 합니다.</u>

상대와의 거리란 무엇을 말하는 걸까요? '자신과 상대가 얼마나 멀리 떨어져 있는가?'를 의미합니다. 오해하지 않았으면 합니다만, 여기서 말하는 '거리'는 관계성이 아니라 '공유하는 내용에 대한 사전 정보량의 차이'를 말합니다.

추상적인 표현이라 무슨 의미인지 감이 안 올 수도 있으니 구체적으로 설명하겠습니다. 예를 들어 좋아하는 식당에 대한 이야기를 한다고 합시다. 자신이 고수를 좋아하는데 '고수를 활용한 맛있는 태국 음식점'에 대해 이야기하고 싶다면 먼저 상대와의 '거리'를 측정합니다.

① 상대가 고수를 싫어할 경우

그냥 "고수를 정말 맛있게 요리하는 태국 음식점이 있어."라고 말을 꺼내면 "에이, 난 고수 싫어! 향이 너무 짙잖아."라는 말을 들을 수 있습니다.

하지만 사전에 상대가 고수를 싫어한다는 사실을 파악해 두면 "넌 고수가 싫겠지만, 내가 고수를 얼마나 좋아하는지 알지? 얼마 전에 감동받은 식당을 찾았어. 넌 관심이 없을지 모르지만 어때?"라는 식으로 이야기를 시작할 수 있습니다. 이렇게 도입부를 준비하면 상대도 편하게 이야기를 들을 수 있지 않을까요?

비록 상대가 싫어하는 주제의 이야기라도 "나는 네가 싫어하는지 알고 있어. 하지만 일단 이야기하게 해 줘."라는 자세로 시작하는 편이 상대도 거부감이 적습니다.

② 상대가 고수를 먹어 본 경험이 없는 외국인인 경우

"언제쯤일까, 젊은이들 사이에서 고수가 유행하기 시작했어. 그 이후로 고수를 사용한 요리가 아주 다양해졌지. 저번에 갔던 태국 음식점이 너무 좋아서 말이야."라는 식으로 사전 지식을 공유한 후에 이야기를 풀어내는 편이 무난합니다. 즉 고수에 대한 사전 정보를 상대에게 전달한 후에 본론으로 들어가는 겁니다.

③ 상대가 자신보다 고수를 더 좋아할 경우

"너도 고수 좋아하지? 이 가게 알아?"라고 상대에게 정보를 건네는 방식이 효과적입니다.

물론 이런 방식은 여러분도 일상생활에서 무의식적으로 활용하고 있을 것입니다. 이와 같은 거리 파악은 업무상 프레젠테이션을 비롯해서 최애에 관한 이야기를 공유할 때도 필요합니다.

정리하면 우선 파악해야 할 것은 전하고자 하는 정보에 대한 상대의 입장입니다.

상대가 자신에 비해 '그 정보를 얼마나 알고 있는가', '그 정보에 어떤 인상을 품고 있는가'라는 두 가지 포인트를 파악해 두는 것이 효과적인 공유에 큰 도움을 줍니다.

정보의 차이에 가치가 있다

이처럼 자신과 상대의 차이가 어느 정도인지 '거리'를 파악하는 것이 중요합니다. 즉 '단순 상대의 정보 파악'이 아니라 '자신의 정보와의 차이'를 살펴봐야 합니다. 왜냐하면 공유는 자신과 상대의 정보 격차를 메우는 행위와 다름없기 때문입니다.

당연한 이야기입니다. 자신과 상대의 정보가 똑같다면 공유가 필요 없으니까요. 여러분의 공유가 가치 있는 이유는 누군가와 여러분 사이에 '모르는 정보'가 존재하기 때문입니다.

정보라고 하니 다소 무기질적인 느낌이 강할지 모르겠지만 '배가 고프다, 졸리다'와 같이 단순한 느낌 표현이라면 무엇이든 좋습니다. 상대는 여러분이 배가 고프다는 사실을 모를 테니 상호 간에 정보 격차가 있는 것입니다. 그리고 상대가 여러분의 배고픔을 얼마나 알고 싶어 하는지가 해당 정보에 대한 상대의 입장입니다.

최애를 이야기하고 싶다면 상대가 '자신과 비교'해서 얼마나 알고 있고 어떤 감정을 품고 있는지부터 파악합시다.

우선은 최애에 관한 '전제'를 전달한다

— 최애의 정보를 얼마나 알고 있는가.
— 최애의 정보에 어떤 인상인가.

이 두 가지를 파악했다면 그다음은 '자신과의 정보 격차를 메워야' 합니다. 정보 격차를 메운다는 말이 무슨 의미인지 의문을 가질지도 모르겠습니다. 하나하나 설명해 드리겠습니다.

여러분이 무언가 '공유하고 싶은 포인트'가 있을 때, 그것을 상대에게 제대로 전하고 싶다면 다음의 2단계 과정을 거쳐 보세요.

① <u>자신과 상대의 정보 격차를 메운다.</u>
② <u>자신이 공유하고 싶은 포인트를 전한다.</u>

여러분이 '공유하고 싶은 포인트'가 있을 겁니다. 예를 들어 "최애인 아이돌의 라이브 공연이 최고였다!"라는 말을 전하고 싶다고 합시다. 그런데 상대에게 여러분의 최애에 대한 정보가 충분하지 않다면 최애의 매력을 어떻게 전하면 좋을까요?
여기서 중요 포인트는 다음과 같습니다.

단계 ① 상대에게 '최애의 경력이 어떻고, 어떤 사람이며, 어떤 라이브 공연을 추구하는지'를 전한다.
단계 ② 상대에게 '오늘의 라이브 공연은 평소와 달리 어떤 부분이 최고였는지'를 전한다.

이와 같이 2단계로 나누어 이야기합니다.

단계 ①을 건너뛰면 상대는 '무슨 말이지?' 하고 의아해하며 공유가 실패로 돌아갑니다. 물론 단계 ①을 설명하지 않고 갑자기 단계 ②를 돌발적으로 이야기해서 관심을 유도할 수도 있습니다. 단계 ①을 거치지 않으므로 단도직입적으로 결론부터 말하는 이야기 전개가 오히려 재미를 유발할 때도 있기 때문입니다.

다만 이런 식의 공유가 재미있으려면 단계 ②의 이야기에 상당한 임팩트가 있어야 합니다. 아니면 단계 ①을 건너뛰고 단계 ②만으로도 통용할 수 있을 정도로 자신과 상대의 정보 격차가 적은 상태면 가능합니다.

하지만 보통은 자신과 상대 사이의 정보 격차가 적지 않은 경우가 대부분입니다. 그런 경우에는 의식적으로 '단계 ①을 먼저 전하겠다'라는 의도를 갖고 이야기해 봅시다.

다음 페이지의 그림과 같이 '상대의 정보량을 자신의 정보량 수준까지 끌어올린 다음에 전달하고 싶은 것이 있는 곳까지 이끌고 간다'는 느낌입니다.

자신과 상대 사이의 틈이 있다는 사실을 먼저 인시해야 합니다. 대부분은 즐겨 온 콘텐츠도 쌓아 온 경험도 제각기입니다. 그런 상대에게 자신이 하고 싶은 이야기를 얼마나 이해시키느냐가 바로 여러분이 지금 하려는 것입니다.

공유하고 싶은 포인트를 전하기 위한 순서

정보 격차를 메우는 세 가지 패턴

그러면 단계 ①의 정보 격차를 메우는 방법과 관련된 몇 가지 패턴을 구체적인 예를 들어 설명하겠습니다.

상대가 모르는 정보를 보충하는 패턴

자신과 상대 사이에 최애에 대한 정보량이 다를 때는 최애의 기초 정보나 자신이 말하고 싶은 것에 관해 보충해 줄 정보가 필요합니다.

구체적인 예
- "다카라즈카 가극단에는 역대 톱스타가 있는데 말이야…"
- "나는 ○○팀을 응원하는데 연고지가 어딘가 하면…"
- "저번에 본 영화의 줄거리를 축약해서 설명하면…"

여기서 주의해야 할 점은 어디까지 세세한 정보를 전달할 것인가를 가늠하는 일입니다.

정보 격차를 메우는 단계 ①의 정보량이 지나치게 많으면 정말로 공유하고 싶은 포인트를 이야기하는 단계 ②에 들어가지 못할 수도 있습니다. 왜냐하면 별로 관심도 없는 영화의 줄거리를 계속해 봐야 상대는 "그런 영화도 있었어?" 하고 퉁명스러운 반응을 보이다가 정작 중요한 이야기에는 지쳐서 귓등으로 듣습니다.

　반면에 기초 정보가 너무 적어도 단계 ②에서 무엇을 말하는 건지 잘 이해하지 못한다는 문제도 생깁니다. 전달할 정보의 수준을 적절하게 가늠하는 능력이 필요한 이유입니다.

　그러면 어떻게 하면 좋을까요? 단계 ①에서는 단계 ②에서 전달하고 싶은 것을 이해시키는 데 필요한 수준의 정보만 공유하도록 주의합시다.

　<u>즉 단계 ②의 설명을 이해하려면 단계 ①에서 무엇을 알아야 하는지 역산하는 것입니다.</u>

　예를 들어 애니메이션 영화의 마지막 반전에 대해 이야기하고 싶다면 줄거리는 설명해야 하지만 성우가 누구인지, 어떤 음악이 나오는지 등은 굳이 언급하지 않아도 됩니다. 또 최애의 최신곡에 대해 이야기하고 싶어서 유명한 곡을 들려주면 "아, 그 가수!" 하고 인지할 수 있습니다.

　이처럼 역산하여 정보를 취사선택하는 것이 보충 정보나 기초 지식을 설명할 때의 요령입니다.

상대의 흥미에 맞춰 양보하는 패턴

상대의 관심사에 자신이 공유하고 싶은 포인트를 가미하여 이야기하는 방법도 있습니다.

구체적인 예

- 춤을 잘 추는 외국 팝 스타를 좋아하는 친구에게 "한국에도 춤도 잘 추고 노래도 잘하는 아이돌이 있는 거 알아? 이거 한 번 볼래?"라며 소개한다.
- 야구를 좋아하는 친구에게 "야구팬이었던 연예인이 최근에 이 축구 경기를 보고 처음으로 축구에 빠졌대!"라며 관심을 유도한다.
- 중학교 선생님인 친구에게 "지금 10대들에게 인기가 많은 유튜버가 있는데 알아?"라고 물어본다.

도입부를 상대의 관심사에 맞춰 자신이 공유하고 싶은 이야기를 풀면 자연스럽게 관심을 유도할 수 있습니다. 이는 이야기를 상대에 맞춰 '양보'한 후에 한 걸음 다가가는 방법입니다. 잘 되면 상대가 전혀 무지한 장르에도 흥미를 느끼게 할 수 있어 저는 자주 사용합니다.

'양보' 패턴을 사용할 때도 결국은 '상대가 어디에 흥미가 있는지', '어디에 흥미가 없는지'와 같이 서로의 입장 차이, 즉 자신과 상대 사이의 정보 격차를 미리 파악하고 있어야 유리합니다.

상대의 흥미 없음을 언급하는 패턴

이 방법은 상대가 자신의 최애에 전혀 관심 없어 보일 때 사용하면 효과적인 패턴입니다. 최애에 관심이 없는 친구에게 말할 때, 혹은 강연회나 세미나 등 낯선 사람들 앞에서 말할 때 사용해 보시길 추천합니다.

구체적인 예

― "관심 없으실지 모르겠지만 제가 어느 날 어떤 성우에게 갑자기 빠졌지 뭐예요."
― "여러분, 지금 졸리실지 모르겠지만 이왕에 회사 연수에 참석하셨으니 한 번만 집중해 주시죠."
― "어쩌면 한 번도 겪어 보지 못한 이야기일지도 모르지만…"

어쨌든 '당신이 관심 없다는 건 알고 있어요'라는 사인을 먼저 보냅니다. 이처럼 흥미가 없을지라도 한번 들어 달라는 자세로 말을 걸면 신기하게도 집중해 줍니다.

무엇보다 '나는 당신에게 흥미가 있어요'라는 의지를 전달하는 것이 중요합니다. 당신에게 흥미가 있으므로 당신의 관심사 정도는 알고 있다, 그런 뉘앙스를 살짝 풍기는 것만으로도 귀를 기울이게 할 수 있습니다.

물론 그런 스킬을 사용해도 귀를 닫고 들어 주지 않는 사람도 있지만 그래도 높은 확률로 효과를 기대할 수 있습니다.

듣는 이와의 간격을 상상하는 버릇 들이기

덧붙여서 '상대와의 정보 격차를 파악하는 버릇'이 몸에 배면 공유 전반에 응용할 수 있습니다. 즉 '듣는 이'에 대해 상상하는 버릇을 들이자는 말입니다.

생면부지의 사람과의 면접일지라도 '면접관과 비슷한 연령대, 성별, 직업군의 사람이 궁금해하거나 모를만한 건 뭘까?', '면접관이 흥미를 느낄 만한 정보는 뭐가 있을까?' 정도의 상상은 할 수 있습니다.

예를 들면 엔터테인먼트 관련 업종의 취업 면접이라면 "요즘 젊은이들 사이에서 이런 것이 유행힙니다. 왜냐하면…"처럼 주제를 선택해 자신만의 분석을 들려주면 좋은 인상을 줄 수 있습니다.

프레젠테이션을 할 때도 '오늘 모인 분들이라면 이런 정보는 빼도 될 거야', '이런 분들이 참석했구나. 그러면 무슨 이야기로 시작하면 좋을까?'라고 상상할 수 있습니다. <u>대개 프레젠테이션이 길면 싫어하므로 어디를 줄이면 좋을지는 상대의 표정과 정보량을 바탕으로 상상해 보면 대략적인 윤곽을 잡을 수 있습니다.</u>

모든 공유에는 듣는 이가 반드시 존재합니다. 대화의 캐치볼을 주고받을 수 없는 자리, 즉 어느 한쪽이 일방적으로 말하는 자리에서는 특히 듣는 이의 감상을 알기 어렵습니다. 그러므로 자신과 듣는 이 사이에 얼마나 큰 골이 존재하는지를 상상해 보는 것이 매우 중요합니다.

전문 용어는 가능한 한 풀어서 설명한다

- <u>그 정보에 대해 얼마나 아는가.</u>
- <u>그 정보에 대해 어떤 인상인가.</u>

단계 ①에서는 위의 두 가지 사항을 먼저 파악해서 정보 격차를 메우는 과정이 중요하다는 이야기를 했습니다. 그러면 난계 ② 자신이 공유하고 싶은 포인트를 전할 때 필요한 것은 무엇일까요?

먼저 '공유하고 싶은 장르에 대해 잘 모르는 사람'에게 이야기할 때 전문 용어는 가능한 한 일일이 설명하는 것이 좋습니다. 즉 이야기할 때 '주석' 처리가 중요합니다.

책을 읽다 보면 간혹 '주석'이 달린 경우가 있습니다. 이해하기 어려운 단어에 대해 설명하는 기능입니다. 마찬가지로 말할 때도 '주석'을 달겠다는 자세가 굉장히 중요합니다.

예를 들면 '최애'라는 단어의 의미가 지금은 많은 사람에게 알려졌지만 여전히 무슨 의미인지 모르는 사람도 존재합니다. 그럴 때는 "○○○가 저의 최애입니다."라고 말해서 상대에게 괜한 스트레스를 주지 말고 "저는 ○○○의 팬입니다."라고 말하는 편이 효과적입니다.

단계 ①에서 설명해 드린 바와 같이 가능한 한 상대의 정보량을 파악해서 곧바로 이해할 수 없는 단어는 삼가고 다른 말로 대체하는 것이 요령입니다. 앞의 예로 이야기하면 '최애'라는 단어를 '※가장 좋아하는 것'이라고 주석을 단다는 느낌으로 설명을 붙여 말해 봅시다.

전문 용어를 사용하고 싶은 이유

하지만 '최애'라는 단어만의 뉘앙스가 있습니다. 그래서 팬이라는 단어로 바꾸는 게 내키지 않는 사람도 있습니다. 그 마음은 충분히 이해합니다. 저도 사실은 그렇게 생각하니까요.

사실 '주석'을 달지 않는 편이 전달 속도가 빠릅니다. 예를 들면 SNS를 볼 때도 취향이 같은 덕후의 글이 읽기 편합니다. 자신들의 용어를 사용한 글이 읽는 이(해당 장르의 덕후 커뮤니티에 속한 사람)의 입장에서도 쉽게 이해되기 때문입니다.

십 대 아이들이 자신들끼리만 소통되는 말을 만들어 내는 문화와 같은 원리입니다. 젊은이들 사이에서 유행하는 말을 아저씨나 아줌마가 사용하기 시작하면 더 이상 젊은이들 사이에서는 사용되지 않는다는 말도 있습니다.

어째서 그런 말이 생기는 걸까요? 어째서 우리는 같은 집단 사이에만 통용되는 말을 만들어 내는 걸까요?

그 이유는 집단 내에서만 통용되는 말을 사용하는 편이 같은 집단 내에서라면 전달되는 정보량이 많고 속도 또한 빠르기 때문입니다. 같은 집단임이 확인되면 이런저런 신경 쓸 일이 없으니 편합니다. 같은 집단 내에서만 통용되는 말에는 서로가 가진 정보량이 대체로 비슷하다는 의미를 내포하고 있는 셈입니다.

다른 사람과 자신의 정보량 차이를 파악해야 한다고 앞서 설명했는데, 만약 정보를 전달하고 싶은 상대가 집단 내에서만 통하는 말을 사용한다면 그 말을 알고 있을 정도로 서로의 정보량이 비등하다는 사실을 알 수 있습니다. <u>우리는 코드가 통하는 말의 사용 여부로 서로의 정보량을 확인할 수 있기 때문에 유행어를 만드는 것입니다.</u>

　유행어를 사용하지 않는, 점잖은 말만 사용하는 상황을 떠올려 보면 이해하기 쉬울지 모릅니다. 회사 부장님께 SNS에서 유행하는 말을 쓸 생각은 하지 않습니다. 부장님을 SNS 친구로 간주하지 않기 때문입니다. 대신 회사에서 통용되는 용어를 부장님께 사용합니다. 부장님을 회사라는 공통된 집단의 일원으로 파악하기 때문입니다.

　또 주석을 달지 않는 말이 전달 속도가 빠른 이유는 상대가 주석 없이도 통할 정도로 '같은 집단=정보량이 같은 사람', 즉 앞서 설명한 단계 ①의 정보 보충이나 양보의 과정이 필요 없는 관계이기 때문입니다.

　SNS나 인터넷에서 '속어', 즉 '집단 내에서만 통하는 말'이 쉽게 생기는 이유도 이 원리를 모두가 공유하기 때문입니다. '너와 난 설명 같은 거 필요 없는 동료지?', '같은 언어를 사용하는 동료 맞지?' 그런 암묵적인 양해를 구한다는 측면에서 속어는 계속 사용될 것입니다.

'공유'가 무슨 의미가 있을까?

하지만 집단에 속하지 않아 속어가 통하지 않는 사람에게 무언가를 전달하고 싶다면 비록 전달 속도가 느리고 다소 지루하게 느껴지더라도 주석을 달아서 이야기해야 합니다. 그래야 전달되기 때문입니다.

예를 들어 라틴어로 쓰인 고전 문학을 간행할 때 독자가 라틴어를 읽을 수 있는 사람이라면 주석을 달지 않아도 되지만 대부분의 독자는 라틴어를 읽을 수 없으므로 보통은 주석을 답니다. 거추장스럽지만 친절함이 묻어나는 행위입니다.

단어 하나하나에 '상대에게 이 말이 통할까?'라고 상상하는 습관을 길러 봅시다. 타인에 대한 상상력은 이렇게 길러집니다.

이렇게 정리해서 주장하고 싶지만, 어쩌면 여러분은 '에휴, 이렇게 귀찮을 일이면 애초에 최애를 모르는 사람하고는 이야기하지 말자!', '단어 하나하나를 일일이 조심해서 골라야 한다니 그렇게까지 해야 하나?' 하고 책을 덮어 버리고 싶은 심정일지도 모릅니다.

사실 맞는 말입니다. 솔직히 '최애를 잘 아는 사람끼리' 나누는 이야기만큼 즐거운 일은 없습니다. 좋아하는 라이브 공연을 친구와 함께 보고 이야기를 나누거나 연극을 보고 취향이 같은 커뮤니티에 감상을 공유하는 것 또한 즐겁습니다. 여러분도 자유롭게 속어를 사용하며 빠르게 주고받는 대화를 즐기고 계실 겁니다.

반면에 최애를 잘 모르는 사람에게 이야기하려면 많은 노력이 필요한 것 또한 사실입니다. 애초에 '최애'라는 말 자체가 최애가 없는 사람에게는 전해지지 않습니다.

상대가 "뭐? 연애를 시작한 거야?"라는 반응이라도 보이면 맥이 풀려서 더 이상 이야기하고 싶지도 않습니다. "최애도 몰라?"라고 핀잔을 주고 싶은 마음을 꾹 참을 수밖에 없을지도 모릅니다. '최애라는 말도 모르는 상대에게 무슨 말을 하겠어!' 하고 포기할지도 모릅니다.

그럼에도 최애를 공유하고 알리고 싶다고 생각하는 이유는 저

역시 누군가의 공유를 통해 가르침을 받은 사람이기 때문입니다.

    예를 들어 책, 만화, 다카라즈카, 아이돌을 비롯해서 그 외에 지금 제가 좋아하는 다양한 것들을 생각해 보면 어떤 장르든 인터넷이나 책 속의 잘 모르는 누군가의 언어들이 떠오릅니다.

    옛날에 읽었던 어떤 선배의 책 소개 블로그, 만화 비평을 재미있게 다룬 전문 서적, 우연히 본 다카라즈카 광팬의 SNS 계정, 관심 없던 아이돌 그룹의 매력을 깨닫게 해 준 친구의 이야기 등…. 자신을 돌아보게 해 줄 정도로 주옥같은 언어들이었습니다.

    아무리 자신의 최애를 좋아하는 사람이라도 그 최애를 몰랐던 시기가 있기 마련입니다. 그러니 <u>언젠가는 최애에 흥미를 보여 줄 누군가가 어딘가에 있을지도 모른다는 생각으로 최애를 모르는 사람에게 공유하고 알리고 싶습니다.</u>

    우리가 사는 세상은 의외로 넓습니다. 이 세계 어딘가에 있을 누군가에게 "이렇게 멋진 게 있어요!" 하고 공유하고 싶은 겁니다.

    물론 그 바람을 이루려면 적지 않은 공을 들이는 정성이 필요합니다.

곧바로 말이 나오지 않는다면 메모를 남기자

'자신이 공유하고 싶은 포인트'에 대해서는 앞 장에서 설명한 자신만의 메모를 참고하면 됩니다.

'언어화가 잘 안될 때는 무조건 세분화해서 구체적으로 생각하고, 나쁜 점을 말하고 싶을 때는 자신과 빗대어 생각한다'

말하는 단계에서의 언어화와 메모하는 단계에서의 언어화는 크게 다르지 않습니다. 자신이 메모한 언어가 자기 안에 쌓이면 누군가와 이야기할 때 저절로 말이 되어 나옵니다. 평소에 메모든 일기든 SNS든 감상을 남기는 습관이 있으면 다른 사람과 대화할 때도 말이 자연스럽게 나옵니다.

<u>다른 사람과 이야기할 때 말이 잘 나오지 않아서 고민이라면 반드시 시간을 내서 메모하는 습관을 기릅시다. 즉 우선은 혼자서 자기 언어 만들기에 공들입시다.</u>

다른 사람과 대화를 나누다 보면 아무래도 상대의 말에 이끌리는 경우가 많습니다. 대화의 재미이기도 합니다. 자기 언어와 타인의 언어가 겹치면서 혼자서는 생각하지 못했을 곳까지 도달하기도 한다는 점이 대화의 매력이기도 합니다.

다만 사전에 자기 언어가 제대로 확립되어 있어야 다른 사람과의 대화도 즐길 수 있다는 사실입니다.

우선은 자신만의 언어를 구축합시다. 그리고 그 언어를 다른 사람과의 대화에서 실제로 사용합시다. 그것이 '나만의 말하기'로 이어질 것입니다.

불특정 다수에게 말할 때는 '강조'가 필요하다

최근에는 팟캐스트를 이용하는 사람도 많아서 음성만으로 불특정 다수에게 자신의 최애를 공유하려는 사람도 있습니다.

이와 같은 공유 방식, 즉 주고받는 식의 대화가 아니라 불특정 다수에게 혼자서 일방적으로 이야기할 때의 "여기는 주의해서 들어 달라"고 강조해서 말하면 효과적입니다.

혼자서 이야기하다 보면 점점 불안해집니다. '이 이야기가 재미있을까? 잘 전달되고 있나? 듣고 있던 사람이 중간에 나가 버리기라도 하면?' 이런 불안은 한층 강해집니다. 그럴 때 스스로 완급을 조절해 주면 도움이 됩니다.

가령 중고등학교 때 선생님의 수업을 떠올려 봅시다. 어떤 과목이든 상관없습니다만 대부분의 수업 시간은 한 시간 정도입니다. 한 시간이 채 되지 않는 시간 동안 선생님 혼자서 계속 이야기하기란 사실 의외로 힘든 일입니다. 지금 생각하면 고등학교 선생님의 말하는 스킬은 참 대단합니다.

하지만 실례일지 모르지만 수업을 떠올려 보면 아무래도 재미있는 수업과 재미없는 수업, 알기 쉬운 수업과 알기 어려운 수업으로 구분됩니다.

그렇다면 그 차이는 과연 어디에서 올까요? 그것은 어디가 중요한지를 얼마나 명확히 강조해서 말해 주느냐에 달렸습니다. 수업이 뛰어난 선생님은 이야기의 완급이 절묘합니다. 다소 졸려도 '아하, 이 부분을 잘 기억해 둬야 하는구나', '우아, 이렇게 풀 수도 있구나'와 같은 흥미가 생기는 이유는 수업 중에 여기만큼은 잘 들어야 한다며 중요 포인트를 선생님이 직접 언급하기 때문입니다.

한 시간에 한 번 정도의 빈도가 아닙니다. 3~4분에 한 번 정도입니다. 완급을 섬세하게 조절해서 '집중해 주길 바란다는 것'을 학생들에게 잘 전달하는 것이 수업을 잘하는 선생님의 자질입니다.

우리도 이처럼 바람을 담아서 완급을 섬세하게 조절해야 듣는 이의 흥미를 지속적으로 끄는 말하기를 할 수 있다는 점을 알아야 합니다.

'어디로 데려갈 것인가'를 알아야 한다

저는 프레젠테이션이나 강연 등 불특정 다수를 대상으로 이야기할 때가 가끔 있습니다. 다양한 시행착오를 거치며 알게 된 사실이 있는데, 바로 '듣는 이를 어디로 데려길 것인시 모를 때'가 가장 최악이라는 점입니다.

'어디로 데려갈 것인가'란 '이런 결론을 어필하자', '이 부분만큼은 이해시키자' 등과 같은 이야기의 종착점을 의미합니다. '웃음을 주고 싶다', '여기는 박수를 이끌고 싶다' 등 반응을 유도하는 능력이기도 합니다.

<u>감정이든 정보든 중요한 것은 '듣는 이가 어떻게 해 주길 바라는가'를 말하는 이가 파악하고 있어야 합니다.</u> 그렇지 않으면 말하는 이는 멋쩍어지고 맙니다. 실은 불특정 다수에게 이야기한다는 것 자체가 부끄러운 일입니다. '지금 내가 뭘 하고 있는 거지?'라는 생각이 들기 시작했다면 끝장입니다. 무슨 말이 하고 싶은지 뒤죽박죽이 되고 맙니다.

그렇기 때문에 어색해지지 않으려면, 듣는 이의 마음을 사로잡을 수 있도록 자신이 그를 어디로 데려가고 싶은지를 분명히 알아야 합니다.

참고로 제5장에서 상세히 다루겠지만 긴 문장을 쓸 때도 마찬가지입니다. 읽는 이를 최종적으로 어디로 데려가고 싶은지, 문장을 읽고 난 후에 어떤 상태가 되기를 바라는지 파악해 두는 것이 중요합니다.

결국은 '익숙함'이 중요하다

또 하나 제가 말로 공유할 때 중요하게 느낀 점은 '익숙함'입니다. 처음부터 말을 잘하는 사람은 없습니다. 경험이 쌓이면서 서서히 세련되어진다는 사실을 다른 여러 사람이 말하는 모습을 보고 느꼈습니다.

공유를 즐기는 사람과 그렇지 않은 사람의 차이는 있지만 그럼에도 '익숙함'이 가장 중요합니다.

SNS에서도 마찬가지입니다. 처음에는 허공을 향해 자기 생각을 중얼거리거나 업로드하는 듯해서 어떻게 하면 좋을지 난감합니다. 하지만 다른 사람을 따라 하다 보니 어느덧 생활의 일부가 되었습니다. 익숙해지면서 자기 나름의 사용법을 터득한 것입니다. 시행착오를 반복하는 와중에 익숙해집니다.

처음에는 익숙하지 않아서 좀처럼 말이 잘 나오지 않거나 무슨 말을 해야 좋을지 모릅니다. 하지만 꾸준히 공유하다 보면 분명 조금씩 익숙해지고 즐거워질 것입니다.

제4장

최애의 매력을

SNS로 공유하자

SNS에 공유하는 요령은 '자기중심'이 전부다

앞 장에서는 최애에 관해 '말하기'에 대해 살펴봤습니다. 이번 장에서는 주로 SNS를 활용한 단문 중심의 '쓰기'에 대해 소개하겠습니다. 블로그 등 '장문' 중심은 다음 장에서 살펴보겠습니다.

기본적으로 단문이 중심인 SNS에 최애에 관해 쓸 때는 철저히 '주관'이 중요합니다. '주관? 그게 무슨 말이지?'라고 생각할지 모르겠지만 말 그대로입니다. X도 인스타그램도 마찬가지입니다. 누가 뭐래도 주관이 중요합니다.

예를 들어 말로 할 때처럼 SNS에 최애의 매력을 써 본다고 합시다. 일단은 제2장에서 살펴본 메모를 기준으로 자기 언어를 활용할 것입니다. 그런데 이때 자신과 너무나 똑같은 의견을 SNS에서 발견합니다.

"그렇다면 굳이 SNS에 글을 남길 필요가 있을까?" 하고 의구심이 들지도 모릅니다. 그래서 쓰기를 그만둡니다. 누구나 한 번쯤은 이런 경험을 해 본 적이 있을 겁니다.

혹은 최애의 콘서트를 보고 받은 감동을 쓰려고 하는데 자신의 팔로워 중에 누군가가 자신과 같은 감동을 이미 적어 놓은 글을 보게 되는 일도 있습니다. 그뿐만 아니라 최애가 출연한 방송을 보고 아쉬운 점을 쓰려고 하는데 "방송에 최애를 불러 준 것만 해도 고마운데, 굳이 부정적인 말을 할 필요가 있을까요?"라는 의견에 주춤하기도 합니다.

주관을 지킨다는 말은 이런 글을 보더라도 자신의 의견은 자신의 의견대로 밝히는 것이 좋다는 의미입니다.

최애와 자신 사이에 타인을 개입시키지 않는다

타인의 언어와 겹치니까 자기 언어를 거두어들이는 것입니다.

타인의 눈치를 보니까 자기 언어를 숨겨 버리는 것입니다. 타인의 존재 때문에 '최애에 관한' 자기 언어를 멈추는 것입니다.

SNS 공간에는 우리의 예상보다 훨씬 더 많은 타인의 언어가 범람합니다. 그래서 다른 사람의 반응을 예측하느라 자기 언어를 소홀히 여기는 경우가 많습니다.

하지만 잘 생각해 봅시다. '최애'와 '자신'과의 사이에 '타인의 감정'은 아무런 관계가 없습니다. 여기서 말하는 타인의 감정이란 자신과 취향이 같은 팬의 말이나 세상의 일반적인 목소리이므로, 굳이 자신과 최애와의 관계에 타인의 감정을 끌어들일 이유는 없지 않을까요?

오히려 타인의 영향으로 그동안 구축해 온 자기 언어가 흔들릴 수 있어 아깝다는 생각도 듭니다.

남에게 보여 주려고 최애를 좋아하는 건 아니지 않나요? SNS에 최애를 공유하는 이유는 다름 아닌 최애, 혹은 자신을 위해서입니다. 최애의 매력을 공유하고 싶고, 최애의 멋짐을 기록하고 싶고, 최애를 즐기는 기쁨을 알아주길 바라는 욕망에는 최애와 자신밖에 존재하지 않습니다. 타인을 개입시킬 하등의 이유가 없습니다.

그러므로 타인의 언어에 자신이 영향을 받지 않도록 거대한 타인의 언어라는 소용돌이 속에서 자기 언어를 지켜야 합니다. 그것이 SNS를 즐기는 요령입니다.

남들과 의견이 다르다는 사실을 알고 쓴다

SNS를 보고 있으면 '분위기'라고 표현할 만한 뭔가 거스를 수 없는 묘한 느낌이 전해져 올 때가 있습니다. 이럴 때는 마치 학교 교실에서처럼 학급 전체를 휘감는 알 수 없는 공기 때문에 다른 의견을 내기가 몹시 어색해집니다.

바로 "어떤 점은 좋지만, 어떤 점은 나쁘다"라고 말하는 타인의 언어가 내뿜는 아우라입니다.

하지만 일부러라도 분위기를 파악하지 않는 것이 자기 언어를 스스로 지키는 방법일 수 있습니다. 분위기 따위는 무시한다는 의미가 아닙니다. 오히려 분위기를 자각하자는 이야기입니다.

예를 들어 최애인 아이돌 그룹의 콘서트가 열렸습니다. 모두가 "연출이 좋았다", "눈물이 났다"라며 이구동성일 때 자신은 "뭔가 뻔했다", "평소와 특별하게 다른 점은 없었다", "좀 더 모험적인 시도가 필요했다"와 같이 다소 아쉽게 느꼈다고 합시다. 그런데

SNS상에는 콘서트의 좋았던 점만 언급되어 있습니다. 하지만 자신의 감상은 다릅니다.

이럴 때 무엇보다 '남들은 나와 생각이 다르구나' 하고 인지하는 것이 중요합니다. 자신의 의견이 모두의 분위기와 다르다는 사실을 자각하는 것입니다.

SNS에 후기를 올릴 때도 "이번 콘서트가 좋았다는 감상이 많지만 나는 좀 더 모험적인 시도를 해 봤다면 어땠을까 싶어요"와 같이 솔직하게 올려 봅시다.

여기서 '이번 콘서트가 좋았다는 감상이 많지만'이라는 문구가 '좋았다'고 생각한 사람들에게도 거부감을 상쇄시킵니다. 왜냐하면 '이 사람은 나와 의견이 다르구나' 하고 마음의 준비를 할 수 있는 완충제 역할을 하기 때문입니다.

<u>의견이 다른 상대도 '자신의 의견을 인지했지만 의견이 다른 거구나' 하고 납득만 하면 큰 반감 없이 이야기를 들어 주기 마련입니다.</u> 실제로도 그리하니 꼭 시도해 봅시다.

남들과 다른 의견을 표명하는 건 두려운 일입니다. 비록 아이돌 콘서트에 관한 감상일지라도 마찬가지로 두렵습니다.

하지만 용기를 내서 모두와 다른 의견을 적어 보는 행동은 자신과 최애에게 매우 소중한 경험으로 작용합니다.

'최애'를 어필하는 것은
자신의 생각을 소중히 하는 열쇠

두려움을 느끼면서까지 '자신의 의견을 SNS에 어필하는 이유가 뭔가요?'라며 의아해하는 분도 계실 수 있습니다. 굳이 용기를 내면서까지 최애에 관한 이야기를 써야 할까요?

물론 SNS에 꼭 쓸 필요는 없습니다. 일기나 메모로 남겨 자기 혼자 간직해도 좋습니다.

어디에 쓰든 정말 좋아하는 최애가 있다면 자신만의 언어를 구축하는 것은 너무나도 중요합니다.

왜냐하면 자신만의 흔들림 없는 언어는 '최애', 즉 좋아하는 존재를 향한 자신의 감정을 신뢰할 수 있는 믿음으로 이어지기 때문입니다.

개인적인 이야기를 해 보겠습니다. 저는 다카라즈카의 어떤 유명 배우를 좋아하는데 어느 날 그 배우의 퇴단이 결정되어 큰 슬픔에 잠겼던 적이 있습니다.

하지만 저는 그 배우의 춤추는 모습을 정말로 좋아했기에 이런 생각이 들기 시작했습니다. '그동안 아름답게 춤추는 모습을 보여 준 그에게 감사해야 해. 이렇게 슬퍼하고만 있어서는 안 돼' 그래서 SNS에 공유하는 활동을 이어 갔고, 덕분에 슬픔을 극복할 수 있었습니다.

개인적인 경험에 불과합니다. 근데 사실 최애가 있는 분들이라면 공감하시겠지만 정말 여러 가지 일들이 일어납니다. 갑자기 그룹에서 탈퇴한다거나 은퇴를 선언하기도 하고 세상을 떠들썩하게 만드는 스캔들에 엮이기도 합니다.

그럴 때 세상이나 타인의 언어에 현혹되지 않고 최애에 관한 자신의 생각을 말할 수 있다면 최애를 향한 소중한 마음을 접지 않아도 됩니다.
다시 말해 사람에 따라 중요하게 생각하는 것은 서로 다르더라도 허무하게 타인의 언어 때문에 자신의 생각을 훼손시킬 이유는 없습니다.

여러 번 강조하지만 타인의 감정은 최애와 자신 사이의 관계에 있어 아무런 상관이 없습니다.

　SNS에 최애의 매력을 공유하는 글을 쓰는 요령은 막대하게 쏟아지는 타인의 언어들로부터 자기 언어를 어떻게 지켜 내느냐가 관건입니다.

SNS, 특히 조심해야 할 공간

　우리는 자신이 자각하는 것 이상으로 평소에 접하는 언어들로부터 영향을 받습니다. 가령 '우리나라의 미래는 암울하다'라고 말하면 국가 단위의 이야기이지만 왠지 자신의 미래도 암울하게 느껴집니다.

　남들의 불륜은 아무래도 상관없다고 생각했는데 바람을 피운 사실을 공공연하게 자랑하는 글을 보면 용서가 안 됩니다.

　우리는 알게 모르게 평소에 접하는 언어의 영향을 받습니다. 인간은 언어로 커뮤니케이션을 하며 살아가는 생물이기 때문에 같은 말을 반복해서 접하면 자신을 향한 말로 착각합니다. 최애에 관한 언어도 마찬가지입니다.

친구가 매우 좋아하는 아이돌에 관한 글을 SNS에서 보면 자신도 그 아이돌에 호감이 생기지 않나요? 반대로 SNS에서 비판받는 유명인을 보면 자신과는 아무런 관계도 없는데 괜히 나쁜 이미지가 생깁니다. 언어는 전염됩니다.

그래서 우리는 SNS를 충분히 주의해서 이용하지 않으면 타인의 언어에 서서히 감염되고 맙니다. 긍정적인 언어든 부정적인 언어든 마찬가지입니다.

타인의 언어와 자기 언어를 구분하자

타인의 언어가 미치는 영향에서 자신을 지키는 방법은 '타인의 언어를 접하지 않거나 타인의 언어를 무력화하는 자기 언어를 갖는 것' 둘 중 하나뿐입니다.

전자의 '타인의 언어를 접하지 않는 것'도 매우 효과적인 방법입니다. 피곤할 때는 SNS를 보지 않는다거나 어두운 뉴스는 가까이 하지 않는 자세가 필요합니다. 피곤할 때는 피곤을 유발하는 글은 멀리해야 합니다. 마찬가지로 부정적인 영향을 주는 타인의 언어는 보지 않는 것이 상책입니다.

타인의 언어에서 자신을 지키는 또 다른 방법은 '타인의 언어를 무력화하는 자기 언어를 갖는 것'입니다. 즉 '나는 다르게 생각해'라는 언어를 가지는 것입니다.

 물론 억지로 남과 다른 의견을 쓸 필요는 없습니다. 하지만 만약 타인의 언어에 위화감이 있다면 의식적으로 '타인의 언어와 자기 언어를 구분'합시다.

의견이 같을 때는 메모로 돌아가자

'SNS에 쓰는 글이 남들과 비슷'해서 고민인 사람도 있습니다. 기본적으로 SNS는 비슷한 주제를 중심으로 의견을 교류하며 즐기는 매체이므로 자신과 타인의 의견이 같다고 멋쩍어할 필요는 없습니다.

그래도 '남들과는 다른 말을 하고 싶다'면 자신만의 메모나 일기를 소중히 합시다. SNS에 올라온 남들의 감상을 보기 전에 메모해둔 자신만의 언어나 최애를 면밀히 관찰해서 깨달은 감상 등이 여러분만의 고유한 글로 이어질 것입니다.

제2장에서 살펴본 바와 같이 자신만의 언어는 메모나 일기, 비공개 블로그처럼 타인이 접근할 수 없는 공간에서 탄생합니다. 꼭 자신만의 언어를 구축하길 바랍니다.

최애를 이야기하는 것은 자신의 인생을 이야기하는 것

제1장에서도 언급했지만 최애 이야기는 결국 자신에 관한 이야기로 이어집니다. 최애를 좋아하게 된 이유는 무엇인가요? 최애를 정하는 것이 유행인 요즘 세상에 왜 하필 그 상대를, 그 존재를, 그 분야를 선택했나요? 최애를 오랫동안 계속 좋아하는 이유는 무엇인가요? 어떤 계기로 최애가 되었나요?

이러한 질문에 답하는 것은 최애의 매력을 이야기하는 것이며, 동시에 최애와 사랑에 빠진 자신에 관해 이야기하는 것이기도 합니다. 자기 취향을 언어화하면 자신에 대한 이해도가 깊어집니다. 최애라는 존재와의 만남이 소중한 만큼 그런 자신의 인생을 긍정하기 위해서라도 자기 인생을 표현하는 언어를 구축합시다.

'최애'에 관해 이야기함으로써 자신의 인생도 가치 있다고 여겨질 수 있습니다. 저는 여러 번 경험했습니다.

예를 들면 SNS에서 만난 친구와 최애에 관해 이야기하다가 공감해 줄 거라고는 미처 생각지도 못했는데 동조해 줘서 감동한 적도 있고, 블로그에 좋아하는 소설에 관해 썼더니 예상보다 많은 사람이 읽어 줘서 '내가 느낀 걸 언어로 표현했을 뿐인데 사람들이 반응해 주는구나!' 하고 실감하기도 했습니다. 또 좋아하는 만화의 비평을 인터넷에 올려 공유하다 보니 좋아하는 것을 좋아한다고 말해도 된다는 자신감도 얻었습니다.

자신을 이야기할 때보다 최애를 이야기할 때가 더 많은 자신에 대한 정보를 얻을 수 있었습니다.

이렇게 '최애 이야기'를 예찬하지만, "그래도 결국은 소비 활동이잖아요?"라고 말하는 사람도 있습니다. 물론 단순히 최애인 게임이나 공연 등을 소비자 입장에서 즐길 뿐이라면 타당한 지적일지 모릅니다.

하지만 최애를 이야기하거나 글로 쓰는 행동은 최애를 주체적으로 즐길 수 있게 해 줍니다. 최애의 정보를 제공하는 쪽은 상상도 못할 매력을 즐기고 있음을 공유할 수 있고 최애를 통해 능동적으로 인생을 즐긴다는 사실을 어필할 수 있습니다.

타인의 언어에 현혹되지 말고 자신의 최애를 더 많이 이야기합시다. 최애를 만난 인생을 이야기한 여러분의 언어가 언젠가 여러분 자신을 기쁘게 할 날이 반드시 올 것입니다.

'정말로 좋아했어!' 하고 기쁘게 그리워할 날이 올 것입니다.

제5장

최애의 매력을

문장으로 쓰자

쓰기 전에 해야 할 두 가지 사항

이번 장에서는 최애의 매력을 '장문'으로 전하려면 어떻게 하면 좋은지 알려 드리겠습니다. 막상 블로그나 팬레터 등 다른 사람에게 보여 주는 글을 써 보자고 결심해도 어떻게 시작해야 할지 아이디어가 떠오르지 않는 경우가 많습니다. 쓰기 전에 거쳐야 할 두 가지 사항이 있습니다.

① 독자 정하기
② 공유하고 싶은 포인트 정하기

'긴 문장', '남에게 보여 주는 문장'을 쓰기 전에는 위의 두 가지 사항을 잊지 말아야 합니다. 저도 꼭 실천하는 필수 사항입니다.

<u>글쓰기가 어려운 이유는 자신의 목표가 무엇인지 불명확한 채 글을 쓰기 때문입니다.</u> 이미 알고 계시겠지만 축구나 농구에서는 점수를 많이 내서 상대 팀을 이기는 것이 목표이고, 학교 시험이라면 1점이라도 더 점수를 따는 것이 목표입니다.

근데 글은 다릅니다. 뭐가 목표인지 애매합니다. 한 글자라도 길게 쓴다고 좋은 것이 아닙니다. 잘 쓰는 것을 목표로 세워도 어떻게 해야 잘 쓰는 것인지 모릅니다.

그러므로 우선은 스스로 글의 목표를 정하는 것이 중요합니다. 그렇다면 글의 목표란 무엇일까요?

① <u>공유할 독자를 상정하기</u>
② <u>공유하고 싶은 포인트를 전달하기</u>

어떤 글이든 이것이 항상 목표입니다. 기본적으로 글이란 뭔가를 전하고 싶어서 쓰는 것입니다. 읽기를 바라는 독자에게 공유하고 싶은 포인트를 전달하는 것이 바로 글의 목표입니다.

소설 같은 창작물도 마찬가지입니다. 공유하고 싶은 포인트는 언어화된 명확한 메시지가 아닐 수도 있지만 읽고 난 후에는 특별한 감상이 반드시 남습니다. 그렇게 읽는 이에게 전달되는 뭔가가 없다면 그 글은 아무런 의미가 없습니다.

아주 중요한 사항이라서 여러 번 말하지만, <u>공유하고 싶은 포인트를 전하는 것이 글의 목적</u>입니다. 물론 상정한 독자가 자기 자신인 경우라면 자신만 알 수 있게 쓰면 됩니다. 예를 들면 자신만 보는 메모나 일기가 여기에 해당합니다. 하지만 다른 사람에게 보여 주는 글은 다릅니다. 좋은 글인지 아닌지는 목표를 얼마나 정교하게 어필할 수 있느냐에 달렸습니다.

그러므로 일단은 목표를 명확하게 설정해야 하고, 그리고 그 목표를 달성하기 위해 공을 들여야 합니다. 그것이 바로 글쓰기의 핵심입니다.

독자를 정하는 것이 글의 지침이 된다

그러면 글쓰기를 시작하기 전에 먼저 독자를 상정해 봅시다. 대화나 SNS 등과 같이 말이나 글의 대상이 알기 쉬울 때는 '독자는 언어를 수용하는 사람'임을 어렵지 않게 상상할 수 있습니다.

그런데 장문을 쓸 때는 독자를 특정하기가 까다롭기 때문에 독자 상정의 중요성이 더 커집니다. 독자 상정이 글의 중요한 지침이 되므로 최대한 구체적으로 그리는 것이 무엇보다 중요합니다.

특히 무언가를 보거나 읽었을 때의 감상을 쓸 때는 '해당 장르를 아는 사람이 대상인지 모르는 사람이 대상인지'를 정하는 것이 중요합니다. 예를 들어 최애인 아이돌에 관해 쓸 때, 최애가 소속된 아이돌 그룹을 이미 알고 있는 사람을 대상으로 쓸 것인가 아니면 해당 아이돌 그룹을 모르는 사람을 대상으로 쓸 것인가에 따라 읽는 이의 부류는 크게 달라집니다.

또 최애인 만화에 관해 쓸 때도 마찬가지입니다. 만화를 이미 읽어 본 사람을 대상으로 자신의 해석을 언급할 목적으로 쓸 것인가 아니면 해당 만화를 전혀 모르는 사람을 대상으로 이런 만화가 있음을 알릴 목적으로 쓸 것인가 등과 같이 읽는 이가 누구인지를 분명히 정합시다.

독자 상정에 대해서는 다음 예시를 참고합시다.

독자 상정의 예

— 같은 팬클럽 사람
— 어린 시절의 자신

- 최애 본인
- 다른 아이돌을 좋아하는 친구
- 자신의 아버지

이는 어디까지나 '상정'이므로 해당 독자가 실제로 읽는지 아닌지는 상관없습니다. 당연한 이야기이지만 과거의 자신이 지금 쓰는 글을 읽을 수는 없습니다. 하지만 상정 그 자체에 큰 의미가 있습니다. 좋은 글을 쓰려면 어쨌든 목표를 세워 그 목표에 따라 흔들림 없이 글을 쓸 수 있는 지침을 마련하는 것이 중요하기 때문입니다.

상정한 독자와 '최애'와의 거리 가늠하기

이때 상정한 독자와 '최애'가 어느 정도의 거리인지 생각해 보는 것이 중요합니다. 제3장에서 이야기한 자신과 상대의 최애에 대한 거리감이 어느 정도인지 파악하는 과정과 같습니다.

예를 들어 여러분의 최애가 어떤 소설이라고 합시다. 자신만큼 그 소설을 잘 아는 사람이 대상인 글이라면 줄거리나 등장인물의 소개는 굳이 하지 않아도 될 것입니다.

반면에 그 소설을 아직 읽지 않은 사람이 대상인 글이라면 가볍게 줄거리를 소개할 필요가 있고, 또 어떤 점이 그 소설의 매력 포인트인지를 어필하는 편이 좋을지도 모릅니다.

즉 상정한 독자와 최애와의 거리를 가늠해서 제3장에서 이야기한 '전제'를 전하는 단계를 어떤 수준에서 밟으면 좋을지를 파악하는 것입니다.

최애를 잘 모르는 사람이 대상이라면 다음의 두 단계가 필요합니다.

단계 ① 자신과 상대의 정보 격차를 메운다.
단계 ② 자신이 공유하고 싶은 포인트를 전한다.

반대로 최애를 잘 아는 사람이 대상이라면 두 번째 단계인 '공유하고 싶은 포인트 전하기'부터 들어가도 괜찮습니다. 말로 할 때와 마찬가지로 자신과 상대의 정보 격차를 알아 둡시다. 상정한 독자의 정보 수준이 단계 ①의 유무를 좌우하기 때문입니다.

공유하고 싶은 포인트는 한 가지로 좁힌다

독자가 정해지면 공유하고 싶은 포인트를 정합니다. 추상적으로 말하면 글을 통해 '도달하고 싶은 것'을 의미합니다. '이것 한 가지만 전달되면 된다!'라는 핵심 요점을 정하는 것입니다. 즉 앞서 이야기한 글의 목표입니다.

공유하고 싶은 포인트를 정해야 하는 이유는 뭘까요? 그것은 글을 쓸 때 '내가 무슨 말을 하고 싶은 거지?' 하고 혼란에 빠지는 상황을 방지하기 위해서입니다.

글을 쓰는 도중에 무슨 말을 하고 싶은지 모르게 되는 상황은 의외로 많습니다. 도달하고 싶은 종착점이 어디인지 헷갈려 결국에는 무엇을 말하고 싶은지 불분명한 글로 끝나 버립니다. 이를 피하려면 무엇을 말하고 싶은지 한 가지로 좁혀서 명확히 합시다.

블로그에 올리는 글처럼 정리된 장문을 쓸 경우에도 공유하고 싶은 포인트를 여러 가지 선택하지 말고 구체적으로 한 가지만 선택하기를 권장합니다. 공유하고 싶은 포인트가 많으면 '그래서 무슨 말을 하고 싶은 거지?' 하고 결국 아무것도 전하지 못한 채 끝나고 맙니다. 초보자라면 일단 한 가지에 집중합시다.

공유하고 싶은 포인트를 정할 때는 제2장에서 설명한 '자신만 보는 메모'가 매우 큰 도움을 줍니다. 자신이 남긴 메모 중에서 가장 공유하고 싶은 포인트를 골라 다음과 같이 쓰기를 추천합니다.

'×××(요소)가 ○○○(감정)이었다. 왜냐하면 △△△(원인)이기 때문이다'

'△△△(원인)'은 알 수 없으면 빈칸으로 두어도 상관없습니다. '이 장면이 훌륭했다'라든가 '이 대사가 인상에 남는다'는 식의 어필도 좋습니다. 어쨌든 공유하고 싶은 '어떤 요소'가 '어떻게 느껴졌는지' 한 가지 포인트만 명확하면 됩니다.

공유하고 싶은 포인트는 흔들리면 안 된다

다만 글을 쓰다 보면 '어라? 내가 공유하고 싶은 게 이거였나?'라고 생각되는 순간이 많다는 것입니다. 쓰기 전에는 가볍게 생각했지만 실제로 써 보니 '내 생각은 이랬구나' 하고 깨닫기도 합니다. 그럴 때는 공유하고 싶은 포인트가 달라져도 괜찮다는 마인드로 공유하고 싶은 포인트를 임시로 정해도 됩니다.

솔직히 말하자면, 글쓰기를 마친 후에 '공유하고 싶은 게 이거였구나!' 하고 깨달을 수 있는 글이 좋은 글인 경우가 많습니다. 글쓴이의 감정이 글을 통해 전해졌기 때문입니다. 하지만 이 경우는 글을 쓴 후에 '공유하고 싶은 포인트'가 잘 전달되도록 검토하고 수정하는 작업이 필요합니다.

가장 나쁜 상황은 공유하고 싶은 포인트가 불명확한 채로 글을 쓰기 시작해서 마지막까지 불명확한 채로 끝나 버리는 것입니다.

자신이 공유하고 싶은 포인트를 모른 채 쓴 글을 독자가 알아서 포인트를 찾아가며 읽어 주는 경우는 거의 없습니다. 글쓴이가 제대로 컨트롤해서 공유하고 싶은 포인트가 전달되도록 써야만 비로소 자신이 아닌 누군가에게 그 마음이 전달됩니다.

원래 자신이 아닌 타인은 먼 존재입니다. 글만으로 뭔가를 전한다는 것은 아주 어렵습니다. 이것이 대전제입니다. 그래서 사소해도 뭔가가 전해지면 그것만으로도 대단합니다. 그만큼 어려운 일에 도전하고 있으므로 세심하게 공도 들여야 하고 굳은 의지도 필요합니다.

공유하고 싶은 포인트, 즉 목표를 명확히 인지하고 흔들림 없이 써 나가는 것이 무엇보다 중요합니다.

타인과의 거리 줄이기

앞서 공유하고 싶은 포인트가 핵이며 그 핵을 전하는 데 공을 들이는 과정이 필요하다고 했습니다. 여기에서는 공유하고 싶은 포인트를 남들에게 전하려면 어떤 공을 들여야 하는지 설명하겠습니다.

'전해지는 글을 쓰기 위한 공'은 자신이 아닌 타인과의 거리를 메우는 수단입니다. '그렇게까지 공을 들여서 써야 하나?'라며 의아해할지도 모릅니다. '그냥 쓰고 싶은 대로 쓰면 되지 않나?'라며 어이없어할 수도 있습니다. 하지만 정말로 무언가를 전하고 싶다면 반드시 공을 들이는 시간이 필요합니다.

다른 사람에게 전달될 필요는 없고 자신만 알면 된다면 공을 들일 필요는 없습니다. 그래서 저도 비공개 글과 공개 글은 서로 결이 다릅니다. 얼마나 공을 들일지는 여러분에게 달렸습니다. 괜찮다고 생각되는 범위 내에서 실천해 봅시다.

'도입부'는 일단 써 보고 나중에 수정한다

글쓰기에서 도입부는 무엇보다 중요한 부분입니다. 현대를 사는 우리는 누구 하나 바쁘지 않은 사람이 없습니다. 살짝 눈길 한 번 주고 재미없으면 바로 페이지를 닫아 버립니다. 그래서 도입부에 '이 글은 재미있다!'라는 것을 강하게 어필해야 합니다. 하지만 지나친 긴박은 글의 신행을 방해하므로 수의도 필요합니다.

글의 도입부는 마치 미지의 문을 여는 일과 같습니다. 그래서 글쓰기에서 가장 고생스러운 부분이 되곤 하지요. 이 때문에 글을 다 쓴 뒤 도입부를 고치는 방식을 추천합니다. 대략적으로 완성한

다음, 가장 마음에 드는 문장을 맨 앞에 배치하는 식으로 정리하는 것입니다.

도입부는 곡으로 말하면 클라이맥스 부분이어야 합니다. 제일 귀에 남는 멜로디를 가장 전면에 배치합니다. 그리고 클라이맥스를 설명하듯이 후렴구, 즉 본문을 서서히 풀어냅니다. 이런 식으로 수정하면 도입부가 훨씬 돋보입니다.

다 쓴 후에 가장 좋은 부분을 도입부로 가져온다는 생각으로 일단은 뭐든 써 보는 것입니다. 수정 방법은 나중에 자세히 설명하겠습니다. 지금은 '도입부는 글의 얼굴이구나'라는 점만 기억해 주시길 바랍니다.

도입부 패턴: ① 좋았던 요소 묘사하기

이상의 설명을 들어도 도입부가 떠오르지 않는 분을 위해 힌트를 드리겠습니다. 힌트는 제2장에서 이야기한 자신만의 메모입니다. 여러분이 최애를 좋아하게 된 '요소'가 적혀 있을 것입니다. 그 요소를 도입부에 묘사해 봅시다.

'묘사라고?' 하고 놀라실지 모르겠지만 소설 수준의 문학적인 묘사를 이야기하는 것이 아닙니다. '요소'를 설명하는 수준이면 충분합니다.

예를 들어 최애가 출연한 영화를 보고 좋았던 장면을 이야기하고 싶다면 해당 장면을 설명합니다. 그 장면을 설명하려면 주인공의 입장이나 스토리의 설정 등도 소개해야 합니다. 또 최애인 배우를 이야기하고 싶다면 그 배우에 관한 설명을 씁니다. 최애를 모르는 분을 대상으로 글을 쓴다면 배우의 경력이나 대표작을 언급해야 할 것이고, 팬이 대상이라면 그 배우의 어떤 점을 이야기할 것인지 대략의 설명이 필요합니다.

처음부터 인용하는 방법도 좋습니다. 최애의 뮤직비디오를 이야기하고 싶다면 뮤직비디오의 URL을 인용하고, 소설이라면 내용의 일부 문구를 인용합니다. 영화라면 예고편 URL을 공유하는 식입니다.

이처럼 가장 알리고 싶은 부분을 애초에 오픈하고 시작하는 방법도 효과적입니다. <u>자신이 공유하고 싶은 포인트가 무엇인지를 선언하듯이 써 봅시다.</u>

<u>내용을 예측할 수 있게 작성하면 좋습니다.</u> 그리고 인용한 요소

를 자신은 어떻게 느끼는지 감정의 원인(이 또한 메모에 적혀 있을 것입니다)을 아울러 설명합니다.

여기서는 '전반적인 감상'보다는 '자신이 궁금했던 한 가지 요소'를 우선해서 쓰는 것이 중요합니다.

'이것이 좋다', '이점을 추천한다'와 같은 식의 '전반적인 감상'의 글은 너무나도 흔합니다. 자신이 느낀 어떤 한 가지 포인트를 '구체적'으로 써야 여러분만의 차별성을 가질 수 있고 읽는 이도 이해하기 쉽습니다.

읽는 이의 입장에서는 처음부터 '아하, 이 글은 그 이슈를 다루고 있구나'라고 먼저 내용을 파악할 수 있어야 글을 끝까지 읽기 편합니다.

소설이나 영화라면 예상 밖의 반전이 흥미를 자극합니다. 하지만 그것도 양날의 검입니다. 너무 예상과 다른 전개라면 '기대와 다르네?'라며 실망할지도 모릅니다. <u>대부분은 모처럼 시간을 냈으니 기대한 범위 내에서 즐기고 싶을 것입니다.</u>

소설이나 영화도 이런데 최애를 소개하는 정도의 글이라면 읽는 이에게 최대한 친절하게 구성하는 편이 좋습니다.

"이 글은 ×××(요소)에 대해 썼습니다."라고 도입부에 제시하는 것보다 더 좋은 방법은 없습니다. 이는 마치 읽는 이에게 "시간을 내서 이 글을 읽어 보는 건 어때요?"라고 제안하는 것과 같기 때문입니다.

읽기 시작하자마자 '그 이슈를 다루고 있구나'라고 예상할 수 있게 하는 것은 읽는 이에 대한 배려입니다. 그런 상냥함이 '이 글은 내 시간을 허투루 쓰게 하지 않을 거야' 하고 안심하게 해 줍니다.

도입부 패턴: ② 경험 이야기하기

다만 매번 좋았던 부분을 '인용'하는 방식만 고수할 수는 없습니다. 그래서 여기서부터는 글의 도입부 응용 편으로 '자기 경험은 처음에 이야기해 두는 것이 좋다'는 점에 대해서 설명하겠습니다.

어떤 영화를 보고 감상을 쓴다고 합시다. 메모에는 "나도 비슷한 일을 겪었다."라고 적혀 있어서 자신과의 공통점을 언급하면서 영화의 매력을 어필해 보기로 합니다.

'그 영화를 보고 예전에 실패했던 경험이 떠올랐다', '이런 일이 있었다, 하지만 누구나 그런 일을 겪을 수 있다'와 같이 생각하며 도입부에 자신의 실패담을 다음과 같은 구성으로 써 내려갑니다.

① 자신의 경험 쓰기
② 자신의 경험과 유사한 영화의 장면 설명하기
③ 어떤 점이 같다고 생각하는지 공통점 설명하기

이때 여러분과 같은 경험이 있는 사람이 그 글을 읽으면 '어! 나도 같은 경험이 있어! 공감되는 글이네. 이 영화를 한번 봐 볼까?' 이렇게 생각할 수 있습니다. 구체적인 예를 들어 보면 다음과 같습니다.

구체적인 예

취업 후 1~2년이 지났을 무렵, 대학 시절 친구들이 이런 말을 했다.

"일을 시작하니 책을 읽을 수 없게 되더라."

쓴웃음을 지으며 그렇게 말하는 친구들. 나는 아직 대학원을 다니고 있었기 때문에 한발 앞서 취직한 친구들의 탄식에 걱정했다. 친구들의 이야기를 듣다 보니 한 편의 영화가 떠올랐다.
2021년 개봉한 일본 영화 〈꽃다발 같은 사랑을 했다〉.
젊은이들 사이에서 히트한 이 영화는 주인공인 무기가 책, 영화, 만화, 일러스트와 같은 취미를 즐기던 대학 시절부터 시작된다. 대학 시절 무기는 동급생 여자인 키누와 취미가 맞아 가까워졌고 이내 사랑에 빠졌다.

하지만 대학을 졸업하고 취직한 무기는 취미를 즐길 시간이 없다. 영화 속에서 주인공은 소설이나 만화를 읽을 수 없다며 자조하듯이 이렇게 말한다.

"숨 돌릴 여유가 없어. 머리에 안 들어와. 〈퍼즐앤드래곤〉 외엔 할 마음이 생기지 않아."

무기는 책이나 만화 읽는 것을 그만두고 스마트폰 게임만 했다. 이는 분명히 '취업하고 나서의 변화'였다. 영화를 보면서 '일을 시작하니 책을 읽을 수 없게 되더라'라던 친구의 얘기가 떠올랐다. 친구들은 무기와 같은 상태였던 걸까?

이 영화는 언뜻 보기에 평범한 로맨스 영화처럼 보인다. 하지만 사실 젊은이들과 떼려야 뗄 수 없는 연애가 아닌 다른 절실한 문제에 대해 다뤘다. 영화가 흥행에 성공한 이유는 사회에 나가 일을 하면서 읽는 것의 의미를 다시 생각하게 만든 점이 관객의 공감을 샀기 때문이 아닐까?

이 예시는 도입부에 "일을 시작하니 책을 읽을 수 없게 되더라."

라는 개인적인 에피소드를 소개하면서 관심을 유도했습니다. 즉 읽는 이가 공감할 만한 경험을 먼저 보여 주었기 때문에 '나도 이 영화 한 번 봐 볼까?'라는 반응을 유도할 수 있는 것입니다.

글의 구성은 다음과 같습니다.

① 자신의 경험 쓰기

예: "일을 시작하니 책을 읽을 수 없게 되더라."라고 친구가 말했다.

② 자신의 경험과 유사한 영화의 장면 설명하기

예: 주인공의 대사 소개

③ 어떤 점이 같다고 생각하는지 공통점 설명하기

예: 친구와 주인공의 처지가 같다는 사실. 그리고 그것이 젊은이의 공감을 부른 것은 아닐까?

아무래도 공감할 만한 콘텐츠에 관심이 먼저 갑니다. 그래서 읽는 이와 연결되는 공통점을 '자신의 이야기'로 풀어서 도입부를 시작하면 효과적입니다.

경험으로 공감을 유도한 후에 최애의 매력을 어필하여 읽는 이의 마음을 사로잡아 봅시다.

도입부 패턴: ③ '맥락'으로 시작하기

방금 소개한 자신의 경험과의 공통점이 아니라, 자신의 취향과의 공통점이나 자신이 생각하지 못한 새로움을 발견했다면 '문맥'의 설명부터 시작해 봅시다.

사실 '맥락'이라는 말이 다소 어렵게 느껴지지만 막상 써 보면 꼭 그렇지도 않습니다. 먼저 자신의 메모에서 취향의 공통점이 발견했다면 다음 예를 참고합시다.

예1. '지금 최애인 아이돌은 마츠다 세이코와 공통점 있다'

이렇게 시작하면 일본 여성 아이돌의 역사라는 맥락에서 자신의 최애 아이돌을 소개할 수 있습니다.

예2. '지금 최애인 아이돌은 밴드인 아시안 쿵푸 제너레이션과 공통점 있다'

이렇게 시작하면 일본 밴드사라는 맥락을 자신이 좋아하는 뮤지션과 결부시킬 수 있습니다.

예3. '지금 최애인 푸딩은 프랑스 요리의 레시피를 참고했다'

장르가 달라도 공통점이 있다면 맥락으로 설명이 가능합니다. '어라? 무슨 공통점이 있지?' 하고 호기심을 자극할 수 있습니다.

다음은 취향의 공통점이 아닌 새로움을 발견한 경우입니다. 새로움이란 맥락이 달라졌다는 의미이므로 마찬가지로 맥락을 짚으며 첫머리를 시작할 수 있습니다.

예4. '지금 최애인 아이돌은 지금까지의 아이돌에게는 없는 새로움이 있다'

이런 문장으로 시작하면 새로운 일본 아이돌의 역사라는 맥락을 더하여 설명할 수 있습니다.

예5. '지금 최애인 푸딩은 지금까지의 편의점 디저트에는 없는 새로움이 있다'

최애가 속한 분야보다 좀 더 확장된 분야에서의 새로움을 언급해도 좋습니다. 맥락상 공통점이나 새로움을 어필하는 것은 최애를 공유하거나 소개할 때 매우 유효한 수단입니다.

사실 맥락은 만드는 쪽에서는 어필하기가 곤란합니다. 팬들만이 할 수 있습니다. 왜냐하면 푸딩을 만든 회사가 스스로 '이 푸딩은 뭔가 달라요!'라고 강조는 할 수 있겠지만 단순 홍보로밖에 들리지 않습니다. 반면에 팬들이 '이 푸딩, 지금까지와는 달라요!'라고 하면 소비자의 목소리이므로 신뢰성이 생깁니다. 즉 입소문의 효과를 낼 수 있습니다.

여러분이 발견한 맥락은 여러분만이 쓸 수 있는 문장이 됩니다. 꼭 공유해 보시길 바랍니다.

도입부 패턴: ④ 최후의 수단, '질문'으로 시작하기

여기까지 소개한 방법을 실천해 봐도 도입부가 여전히 어렵다면 '질문'을 활용해 봅시다. 뭐든 좋으니 질문으로 도입부를 시작하는 방법입니다.

구체적인 예

- '캐릭터에 관심이 없던 내가 왜 피규어를 모으게 됐을까요?'
- '다카라즈카의 어떤 점이 나를 공연장으로 이끌었을까요?'
- '왜 아이돌에 빠지는 20대가 끊이지 않는 걸까요?'
- 'VTuber ○○○의 동영상이 나의 마음을 사로잡은 이유는 뭘까요?'

이 방법은 글을 쓰기 전에 설정한 '이 글에서 전하고 싶은 포인트'를 시작과 동시에 확인할 수 있다는 장점이 있습니다.

공유하고 싶은 포인트를 질문으로 제시하면 되어서 글을 쓰는 자신도 읽는 상대도 도중에 길을 잃을 가능성이 매우 낮습니다. 그뿐만 아니라 읽는 이의 마음을 끌기에도 매우 효과적입니다.

질문의 내용은 전하고 싶은 포인트에 '왜'를 붙이는 게 전부입니다. 그리고 질문에 답을 하듯이 풀어가며 설명하면 되므로 적극 추천합니다.

다만 너무 자주 사용하면 '또 질문이야?'라며 싫증을 낼 수 있으니 이 방법은 최후의 수단으로 남겨 둡시다.

여하튼 도입부를 질문으로 시작하면 글쓰기가 한결 수월하다는 사실을 기억하고 꼭 실천해 봅시다.

++++++++++++++++++++++++++

글의 도입부가 어려울 때

★좋았던 요소 묘사하기 ★경험 이야기하기
★'맥락'으로 시작하기 ★'질문'으로 시작하기

++++++++++++++++++++++++++

반드시 다 쓰겠다는 강한 의지를 갖자

도입부가 정해지면 나머지는 쓰기만 하면 됩니다. 너무 쉽게 이야기한다고 생각할지 몰라도 일단 '끝까지 쓰겠다'는 의지가 무엇보다 중요합니다.

긴 문장을 쓸 때는 나중에 수정하겠다는 생각으로 일단은 대략적으로라도 마지막까지 써 보기를 추천합니다. 처음부터 완벽한 문장이란 있을 수 없습니다. 수정은 당연하다고 생각합시다. 즉 다소 문장이 엉망이라도 일단은 끝을 봐야 완성까지의 시간을 줄일 수 있습니다.

특별한 요령은 없습니다. 끝까지 쓰겠다는 목표를 처음부터 가지고 시작하는 것입니다.

<u>아무리 말이 이상해도, 내용이 엉망이어도 기대치를 낮추고 우선은 마지막까지 끝냅시다.</u>

계속 쓰다 보면 언젠가는 끝납니다. 저도 이 책의 원고를 쓰면서 좀처럼 끝내지 못해 한탄했지만 그래도 언젠가는 끝난다는 사실을 알기에 계속 썼습니다. 반드시 이 글을 끝내겠다는 강한 의지가 중요합니다.

이처럼 제가 일단은 대략적으로라도 마지막까지 써 보자고 여러 차례 강조하는 이유는 저 또한 글을 마지막까지 끝내는 것이 무엇보다 어렵다는 사실을 잘 알기 때문입니다. 어떤 글이든 아이디어는 누구나 낼 수 있습니다. 하지만 머릿속의 아이디어가 글로 세상에 나오기까지는 긴 여정임을 항상 실감합니다.

그런 의미에서 갈 길이 멀게 느껴져도 일단은 다 써 보는 습관을 기르길 바랍니다. 문장은 나중에 얼마든지 고칠 수 있습니다. 우선은 결승점까지 도달합시다.

찾아보면 알 수 있는 내용은 길게 쓰지 않는다

여기서부터는 다 쓸 때까지 주의할 점을 알려 드리겠습니다.

우선 주의해야 할 점은 '찾아보면 알 수 있는 내용은 장황하게 쓰지 말 것'입니다.

영화에 대해 쓸 때 자주 하는 실수로, 인터넷을 검색해서 정보를 리서치하다 보면 즐거워서 자신도 모르게 시시콜콜한 내용까지 모두 글에 담는 경우가 아주 흔합니다.

자신이 몰랐던 지식이나 정보는 아무래도 모두와 공유하고 싶어집니다. 하지만 <u>지금 작성하는 글에는 필요 없는 경우도 많습니다.</u> 구체적인 예를 살펴봅시다.

나쁜 예

나는 〈대부〉의 마지막 장면이 너무나 좋다.

본 적은 없을지 몰라도 〈대부〉라는 영화 제목은 누구나 들어 본 적이 있을 것이다.

감독은 프란시스 포드 코폴라이다. 그는 이탈리아 이민 3세로 미국에서 태어나 자랐다. 코폴라는 영화감독이자 시나리오 작가 로저 코먼 밑에서 감독 일을 시작해 순조롭게 자신의 회사를 차렸지만 처음에는 좌절도 많았다.

하지만 〈대부〉가 개봉하면서 영화는 예상보다 훨씬 큰 대박을

터트렸다.

당시 흥행 수입 랭킹에서 1위를 기록했으며, 아카데미상에서 작품상과 각본상을 받아 자신의 회사에 막대한 이익을 가져다주었다.

거기서 코폴라는 〈청춘 낙서〉의 제작도 담당했는데 감독을 맡았던 조지 루카스가 코폴라를 위협적으로 생각했는지 자신의 대표작인 〈스타워즈〉 제작에는 개입시키지 않았다고 한다.

이렇게 해서 코폴라는 루카스에게 양보받은 『어둠의 심연』의 영화화 기획을 맡게 된다. 이 영화는 나중에 〈지옥의 묵시록〉이라는 제목으로 개봉하여 코폴라의 두 번째 대표작이 되었다. 그런데 〈대부〉의 마지막 장면은….

위의 예를 보고 '뭐지? 〈지옥의 묵시록〉 이야기는 왜 하는 거야?'라는 생각이 들지 않나요?

인터넷으로 살펴보면서 '우아, 그렇구나'라고 혼자 감탄하고 필요 없는 정보까지 무심코 넣어 버렸습니다. 글 쓰는 사람 입장에서는 모처럼 조사해서 알아낸 정보이므로 넣고 싶을 겁니다.

하지만 이 글에는 필요 없는 정보입니다. 찾아보면 쉽게 알 수 있으므로 아쉬워도 빼는 편이 좋습니다.

이 글에서 해야 할 일은 '재미있겠다! 인터넷으로 검색해 볼까?'

라고 생각하게 만드는 것입니다. 읽는 이에게 동기를 부여해 주는 글을 씁시다.

개선 예

나는 〈대부〉의 마지막 장면이 너무나 좋다.

본 적은 없을지 몰라도 〈대부〉라는 영화 제목은 누구나 들어 본 적이 있을 것이다.

감독은 프란시스 포드 코폴라이다. 그는 이탈리아 이민 3세인데 이 영화 또한 이탈리아에서 미국으로 이주해 온 아버지를 둔 마피아 가족의 이야기이다.

그런데 〈대부〉의 마지막 장면은…

이렇게 쓰는 편이 훨씬 깔끔하고 전달하고 싶은 포인트도 분명해집니다.

뻔한 표현은 피한다

다음으로 주의해야 할 점은 '뻔한 표현은 피할 것'입니다. 제1장에서 '클리셰'라는 개념을 이야기했는데, 글을 쓰다 보면 상투적인 문구를 넣고 싶을 때가 있습니다. 그런 글이 멋있다고 생각하기 때문입니다.

하지만 여러분이 써야 할 글은 잔뜩 멋이 들어간 글이 아닙니다. 공유하고 싶은 포인트가 전달되는 글입니다. 뻔한 말은 가능한 한 피하고 정말로 하고 싶은 말을 사용하길 추천합니다.

- '최고'라고 쓰고 싶을 때: '어떤 점이 최고지?'라고 질문하여 세분화한다.
- '대박'이라고 쓰고 싶을 때: '왜 대박이지?'라고 질문하여 무슨 말을 쓸지 생각한다.
- '생각하게 만든다'라고 쓰고 싶을 때: '무슨 생각이 든 거지?'라고 질문하여 대답을 설명한다.

글을 깔끔하게 정리하기보다는 자신의 감정이나 생각을 구체적으로 표현하는 식입니다.

중요한 것은 어휘력이 아니라 세분화입니다!

자신의 애정을 세세하게 표현해 봅시다.

무엇보다 끝까지 써 보는 것이 가장 중요하다

지금까지 여러 가지 방법을 소개했는데 어쨌든 끝까지 써 본다는 지침이 가장 중요합니다. 다른 방법론은 무시해도 될 정도이니 참고하는 수준에서 살펴봐 주시길 바랍니다.

'조사한 것은 아까우니까 일단 쓰자'라며 유혹에 빠지거나 '대박이라는 말밖에 생각나지 않아'라며 어휘력에 한계를 느껴도 나중에 수정하겠다는 생각으로 일단은 거침없이 써 봅시다.

주의할 점이라고 앞서 언급했지만 솔직하게 말하자면, 끝까지 써 보는 것보다 더 중요한 것은 없습니다.

'일단은 끝까지 썼으니 된 거야!'라고 자신을 칭찬하면서 단어나 문맥이 이상해도 마지막까지 써 보기를 강력하게 추천합니다.

도입부가 문제없는지 체크하기

몇 번이나 집요하게 '일단은 끝까지 써 보자'라고 마음먹지만, 그럼에도 잘 안 써질 때가 있습니다. 누구에게나 글이 잘 안 써지는 날이 있습니다. 물론 저도 그렇습니다. 도입부가 가장 어렵지만 마지막까지 끝내는 것도 어렵습니다.

당연한 이야기라고 생각할지 모르겠지만, 문장의 수정이나 공유 등은 도입부 쓰기와 끝까지 쓰기에 드는 노력에 비하면 아무것도 아닙니다.

그런 의미에서 '잘 안 써질 때'의 대처법을 소개하겠습니다. 먼저 글쓰기가 막히는 패턴에 대해 알아봅시다. 처음에 의심해야 할 것은 '애초에 글의 첫머리가 이상할 때'입니다.

첫머리부터 무리해서 논리를 펼치거나 실은 별로 쓸 마음이 없는 주제라면 아무래도 마지막까지 써 내기가 힘들 수 있습니다.

그럴 때는 도입부를 과감하게 바꿉시다. 도입부를 '인용'으로 시작했다면 '질문'으로 바꿔 보는 것도 좋습니다. 다른 도입부는 없을지 고민한 후에 원점부터 다시 시작해 보면 의외로 잘 풀리기도 합니다.

원점부터 다시 시작하려면 귀찮을지도 모르지만 '질질 끌며 시간만 허비하는 것'보다는 낫습니다. 생각을 환기하는 것도 요령입니다.

그래도 안 되면 다시 한번 최애를 떠올려 보자

도입부도 크게 문제가 없는데 잘 써지지 않는다면 다시 '최애'를 떠올려 봅시다.

이 방법은 실제로 제가 서평을 쓸 때 자주 사용합니다. '도저히 진도가 나가지 않네'라는 생각이 들면 다시 한번 서평할 책을 읽습니다. 그러면 새로운 발견을 하거나 풀리지 않던 문장의 실마리가 잡히기도 합니다.

글을 쓰다가 막힐 때 다시 최애를 떠올리면 새롭게 깨닫는 점이 생깁니다.

최애의 라이브 공연 DVD를 보는 것도 좋고 최애의 유튜브를 다시 보는 것도 좋습니다. '최애를 이야기할 때' 가장 큰 원동력은 역시 최애입니다. 글을 쓰다가 길을 잃었다면 다시 최애를 떠올립시다.

좋아하는 문장 다시 읽기

글쓰기가 막힐 때를 대비해서 '좋아하는 문장'을 저장해 두고 다시 읽어 보는 것도 좋습니다. 말하자면 '이런 글을 쓰고 싶다'라는 모범 문장 사례인 셈입니다.

책상 옆에 좋아하는 책을 두거나 좋아하는 문장이 나온 곳을 책갈피로 표시하는 등 언제든지 그 문장을 찾아 읽을 수 있게 준비합시다. 좋아하는 문장을 여러 번 읽으면 글의 템포나 단어 사용법이 자신도 모르게 몸에 익습니다.

글쓰기가 막힐 때, 특히 이상적인 문장이 잘 떠오르지 않을 때 아주 효과적인 방법이므로 반드시 실천해 봅시다.

자신의 글에 '이상적인 문장'을 운운하는 게 좀 겸연쩍다고 생각할지 모르지만 글쓰기만큼 자신의 이상에 다가갈 수 있는 분야도 없습니다. 글쓰기는 큰돈도 큰 노력도 필요 없습니다. 잠깐의 시간으로 자신의 이상을 구현할 수 있습니다.

평소에 이상적인 문장을 모으는 습관을 기릅시다. 글쓰기가 막힐 때 모아둔 이상적인 문장이 여러분을 도울 것입니다. 목표를 이뤄 주는 길잡이가 될 것입니다.

그리고 무슨 수를 써서라도 일단은 끝까지 마무리합시다. 다 쓰고 나면 최애에 대한 여러분의 애정이 글 속에 깃들어 있을 테니 말입니다.

++++++++++++++++++++++++++

모범 문장 사례 정리
★좋아하는 책 ★같은 장르를 좋아하는 사람의 블로그
★왠지 좋게 느껴지는 기사 ★잡지 칼럼

++++++++++++++++++++++++++

문장 수정이 필요한 이유

간신히 글을 끝까지 다 썼습니다. 수고하셨습니다! 한숨 돌렸다면 그다음에 해야 할 일은 '수정'입니다.

오래전에 읽은 잡지의 인터뷰지만 작가 모리미 도미히코가 "프로와 아마추어의 차이는 수정 횟수다."라고 말한 것을 기억합니다. 글은 수정을 하면 할수록 전문적인 문장에 가까워집니다.

전문가가 되는 것을 목표로 하지 않는 사람도 마찬가지입니다. 왜냐하면 수정을 전제로 글을 쓰는 습관을 들이면 글을 끝까지 다

쓰기 위한 장벽이 낮아지기 때문입니다.

물론 손으로 직접 쓰는 편지나 글은 수정하기 어려울 수도 있습니다. 수정할 시간이 없다는 사람도 있습니다.

하지만 요즘 시대는 스마트폰의 메모 기능도 있으므로 틈새 시간에 대략적으로 초고를 쓰고 문장을 수정하면서 손 글씨로 옮기는 방법도 있습니다. 글에 공을 들이고 싶다면 수정의 과정을 반드시 거쳐 주세요.

문장은 한 번 쓰면 끝이라는 생각을 버리고 몇 번이고 고쳐 쓰는 것이라는 사고방식으로 바꿉시다. 몇 번이고 고쳐 쓰는 수정 과정이 익숙해지면 수정이 즐거워지고 하지 않으면 불안하기까지 합니다.

일상적으로 글을 자주 쓰는 사람이라면 반드시 수정을 습관화합시다.

공유하고 싶은 포인트가 잘 전달되는지 확인

그러면 수정할 때 무엇을 기준으로 고치면 좋을까요? 글을 수정할 때는 앞서 소개한 '①공유할 독자를 상정하고, ②상정한 독자에게 공유하고 싶은 포인트가 전달되는 문장인가'가 중요합니다.

이 두 가지를 만족하는 글인지를 기준으로 삼아 수정합시다.

요령은 자신이 아닌 타인의 입장에서 다시 읽어 보는 것입니다. 이 점은 수정할 때 가장 중요한 요령입니다. '지금 읽는 사람은 내가 아니다'라는 의식으로, 다른 사람이 된 기분으로 다시 읽고 수정해 봅시다.

자신이 쓴 글을 읽었을 때 '왜 이런 것까지 썼지?', '뭔가 문장이 이상한 거 같네', '공유는 관둘까?'와 같이 뭔가 부끄럽다는 생각에 빠지기 십상입니다.

글을 쓴다는 건 애초에 부끄러운 일입니다. 아무리 작가라도 자신의 글을 부끄러워하지 않는 사람은 거의 본 적이 없습니다. 한순간의 부끄러움으로 애써 쓴 글을 묵히기에는 너무 아깝습니다.

그런 의미에서라도 '이 글은 내가 쓰지 않았다'라고 생각하고 다시 읽어 보길 바랍니다. 타인의 입장에서 읽으면 자신이 쓴 글을 객관적으로 파악할 수 있다는 이점도 있습니다.

추천하는 방법은 문장을 하룻밤 묵힌 다음 수정하는 것입니다. <u>조금만 시차를 두고 수정하면 객관적인 시각으로 자신의 글을 검토할 수 있습니다.</u> 오탈자도 훨씬 쉽게 찾을 수 있다는 장점도 있습니다.

'여기는 뭔가 의미가 통하지 않아', '전체적으로 별로야'와 같은 생각이 들면 추천하는 아래의 방법으로 수정해 보길 바랍니다.

추천하는 문장 수정 방법

① 문장의 순서를 바꾼다.

② 필요 없는 문장을 삭제한다.

③ 목차를 넣는다.

수정 방법 ① 문장의 순서를 바꾼다

먼저 문장의 순서를 바꾸는 방법부터 설명하겠습니다. 이 방법은 단문부터 장문에 이르기까지 사용할 수 있어 편리합니다.

글쓰기와 관련된 책을 읽다 보면 '구성'이라는 말이 자주 나오는데, '구성'이란 '문장의 순서'와 거의 같은 개념입니다. 즉 구성이 좋은 문장은 '문장의 순서'가 좋다는 의미입니다. 어떤 문장을 도입부에 두고 어떤 순서로 풀어낼 것인가는 정말로 중요합니다.

특히 어떤 문장을 '도입부'에 둘 것인가에 많은 공을 들여야 합니다. 예를 들어 다음 두 문장을 비교해 봅시다. 제가 쓴 『쓰츠미 츄나곤 모노가타리堤中納言物語』라는 책의 서평입니다.

(수정 전) 『쓰츠미츄나곤 모노가타리』 서평

『쓰츠미츄나곤 모노가타리』는 헤이안 시대 후기부터 가마쿠라 시대에 쓰인 다양한 이야기를 모은 책으로, 고등학교의 고전 문학 시험문제로 자주 출제된다. 하지만 수업에서만 만나는 것으로는 아까울 정도로 개성 넘치는 이야기가 수록되어 있다. 예를 들면 일본 고전 소설 『벌레를 사랑한 아씨』는 미야자키 하야오의 애니메이션 〈바람계곡의 나우시카〉에 영향을 준 작품으로 유명한데, 선구적인 이공계 여성의 이야기이다.

그 외에도 〈달빛에 속았군〉이라는 라이트 노벨에서나 나올 법한 대사로 시작하는 이야기도 있다. 말하자면 『쓰츠미츄나곤 모노가타리』는 1천 년 전의 라이트 노벨인 것이다.

이런 이야기가 헤이안 시대에 있었다니! 읽어 보면 누구나 틀림없이 놀랄 것이다.

(수정 후) 『쓰츠미츄나곤 모노가타리』 서평

'달빛에 속았군'

『쓰츠미츄나곤 모노가타리』는 라이트 노벨에서나 나올 법한 대사로 시작한다. 말하자면 1천 년 전의 라이트 노벨인 것이다.

『쓰츠미츄나곤 모노가타리』는 헤이안 시대 후기부터 가마쿠라 시대에 쓰인 다양한 이야기를 모은 책으로, 고등학교의 고전 문학 시험문제로 자주 출제된다. 하지만 수업에서만 만나는 것으로는 아까울 정도로 개성 넘치는 이야기가 수록되어 있다.

예를 들면 일본 고전 소설 『벌레를 사랑한 아씨』는 미야자키 하야오의 애니메이션 〈바람계곡의 나우시카〉에 영향을 준 작품으로 유명한데 선구적인 이공계 여성의 이야기이다.

이런 이야기가 헤이안 시대에 있었다니! 읽어 보면 누구나 틀림없이 놀랄 것이다.

 단지 순서만 바꿔 글을 다듬었을 뿐인데 수정 후의 글이 훨씬 흥미를 자극하고 임팩트도 있습니다. 도입부에 어떤 문장을 가지고 오느냐에 따라 문장 전체의 분위기가 전혀 달라지는 것을 알 수 있습니다. 기껏 순서만 바꿨을 뿐인데 말입니다.

 자신의 문장이 뭔가 만족스럽지 못하다면 '<u>자신이 가장 좋다고 생각하는 문구를 도입부로 가져오는</u>' 순서의 변화를 고려해 봅시다. 물론 단문도 마찬가지입니다. 도입부에 무슨 말이 등장하느냐에 따라 문장 전체의 인상이 달라집니다.

 가장 좋은 문구를 도입부에 배치하는 것만으로도 문장 전체의 결이 달라집니다.

수정 방법 ② 필요 없는 문장을 삭제한다

'끝까지 쓰겠다'는 일념으로 쓴 글은 필요 없는 정보가 들어 있을 가능성이 큽니다. 필요 없는 문장은 없는지 살펴서 삭제만 해도 훨씬 효율적으로 전달되는 깔끔한 문장을 만들 수 있습니다.

애써 쓴 글을 지운다고 생각하면 아까울 수도 있지만 마음을 비우고 더 읽기 쉬운 문장이 되도록 다듬어 봅시다. 지나치게 길면 아무래도 잘 읽히지 않습니다.

여기서도 예를 들어 설명하겠습니다. 삭제한 부분과 표현을 다듬은 부분은 강조되어 있으니 유념하여 읽어 보시길 바랍니다.

(수정 전) 『작은 아씨들』 서평

무대는 남북전쟁 중인 미국. 네 자매인 맥, 조, 베스, 에이미의 이야기는 아버지가 없는 크리스마스로 시작된다. 이야기는 네 자매의 성장과 인생의 변화를 중심으로 진행된다(실은 총 4권으로 이루어진 장편이며 이 책은 1권째에 불과하다).

이 작품은 돈보다는 친절이나 지혜가 삶을 풍요롭게 한다는 주제를 담고 있다.

돈을 버는 것은 나쁜 것이 아니다. 하지만 돈이 있어도 그것을 어떻게 사용할지, 세상에 도움이 되는 돈으로 만들 수 있을지는 그 사람의 품성과 지성에 달려 있다.

돈만으로는 인생이 풍요로워지지 않고, 돈이 없어도 풍요로운 인생을 보낼 수 있다.『작은 아씨들』을 읽으며 마음속 깊이 깨달은 점이다.

네 자매는 어렸을 때부터 이웃과 서로 도움을 주고받는다. 피아노를 쳐주거나 빵을 나눠줌으로써 이들은 풍요로움을 세상에 환원한다.

『작은 아씨들』은 단순히 '연애'나 '가족'이라는 어떠한 틀에 갇히지 않고 더 큰 '세상'과의 관계성을 그렸다. 그리고 독자에게도『작은 아씨들』을 통해서 세상과 관계를 맺는 본연의 이유를 생각하게 해 준다.

물론 성장하면서 '세상'과의 거리감이 매번 달라진다.

하지만 나이가 들어도 품성과 지성이 중요하다는 사실은 변하지 않는다.『작은 아씨들』은 우리가 풍요로워지는 데 필요한 것을 상기시켜 주는 이야기인 것이다.

(수정 후)『작은 아씨들』서평

무대는 남북전쟁 중인 미국. 네 자매인 맥, 조, 베스, 에이미의 이야기는 아버지가 없는 크리스마스로 시작된다.

돈만으로는 인생이 풍요로워지지 않고, 돈이 없어도 풍요로운 인생을 보낼 수 있다.『작은 아씨들』을 읽으며 마음속 깊이 깨달은 점이다. 돈의 사용법은 그 사람의 품성과 지성에 달려 있다.
네 자매는 어렸을 때부터 이웃과 서로 도움을 주고받는다. 피아노를 쳐주거나 빵을 나눠줌으로써 이들은 풍요로움을 세상에 환원한다. 그리고 그 자세는 성인이 되어도 변하지 않는다. 그녀들은 풍요로움을 위해 항상 품성과 지성을 중시한다.
『작은 아씨들』은 우리가 풍요로워지는 데 필요한 것을 상기시켜 주는 이야기인 것이다.

후자 쪽이 글자 수는 적지만 깔끔하게 읽히고 잘 전달되는 문장입니다. 글이나 내용 자체는 크게 다듬지 않고 필요 없는 문장과 어구를 줄인 결과입니다.

'필요 없는 문장은 없을까?'라는 생각으로 문장을 꼼꼼하게 읽고 삭제하면 명료하고 잘 전달되는 문장을 만들 수 있습니다.

이 또한 '힘들게 썼는데 아깝다'고 느껴지기 마련이므로 다른 사람이 쓴 글이라고 생각하고 과감하게 삭제해 봅시다.

수정 방법 ③ 목차를 넣는다

마지막은 어느 정도 길고 정리된 문장에서 사용할 수 있는 기술입니다.

'너무 길어서 읽기 힘들다'면 제목을 붙일 것을 추천합니다. 즉 각각에 '표제어'를 달아 목차를 알 수 있게 한다는 감각입니다. 예시를 보면서 설명하겠습니다. 핑크색 글씨가 표제어입니다.

(수정 전)『비밀의 화원』서평

우선은 메리의 고약한 성격에 압도당한다.

『비밀의 화원』은 아동 문학임에도 주인공의 성격이 고약하다. 덧붙여서 주인공인 메리도 자신의 나쁜 성격을 자각하고 있어 '뭐야, 이 비. 나보다 훨씬 못됐잖아'라고 말한다.

자신도 인지할 정도로 고약한 성격의 메리.

그런 메리는 영국 식민지 시절의 인도에서 자랐지만 어느 날 부모님이 돌아가시고 만다. 영국의 요크셔의 저택에 사는 고모부에게 보내지는데, 그 저택에는 문이 잠긴 '화원'이 있었다.

『비밀의 화원』줄거리만 보면 '외로운 소녀가 화원에서 지낸다'라는 아름다운 이야기를 상상하게 만든다. 하지만 이 작품은 그런 식상한 이야기가 아니다.

『비밀의 화원』은 부모의 무관심에 완전히 비뚤어진 소녀가 환경을 바꾸면서 점차 씩씩하고 강인하게 성장해 가는 모습을 보여 주는 이야기이다.

성격이 고약하던 메리도 바뀐다.

믿을 수 있는 어른을 만나고, 맛있는 밥을 먹고, 그리고 하고 싶은 일을 찾아 식물을 돌보게 되면서 서서히 밝고 씩씩한 소녀가 되어 간다.

『비밀의 화원』은 아주 현대적인 이야기이다. 도시에서 부모의 관심을 못 받고 비행을 일삼던 소녀가 시골로 이사하면서 인간미 넘치는 어른과 자연을 만나 변해 간다…, 지금도 드라마에 나올 법한 이야기이다.

우등생을 다룬 아동문학은 아니지만 많은 사람이 『비밀의 화원』을 읽었으면 좋겠다. '메리는 나와 비슷하구나!' 하고 공감하는 사람이 꽤 많을 것이다.

(수정 후) 『비밀의 화원』 서평

아동문학 『비밀의 화원』의 세 가지 매력

1. 성격이 고약한 메리

『비밀의 화원』은 아동문학임에도 주인공의 성격이 고약하다. 덧붙여서 주인공인 메리도 자신의 나쁜 성격을 자각하고 있어 '뭐야, 이 비. 나보다 훨씬 못됐잖아'라고 말한다. 아동문학의 주인공이 자신이 못됐다고 말하다니! 그런 독특한 소녀가 어떻게 바뀔지 상당히 흥미롭다!

2. 식상하지 않은 아동문학

메리는 영국 식민지 시절의 인도에서 자랐지만 어느 날 부모님이 돌아가시고 만다. 영국의 요크셔의 저택에 사는 고모부에게 보내지는데, 그 저택에는 문이 잠긴 '화원'이 있었다. 이처럼 『비밀의 화원』 줄거리만 보면 '외로운 소녀가 화원에서 지낸다'는 아름다운 이야기를 상상하게 만든다. 하지만 이 작품은 그런 식상한 이야기가 아니다.

『비밀의 화원』은 부모의 무관심에 완전히 비뚤어진 소녀가 바뀐 환경 속에서 점차 씩씩하고 강인하게 성장해 가는 모습을 보여 주는 이야기이다.

성격이 고약하던 메리가 믿을 수 있는 어른을 만나고, 맛있는 밥을 먹고, 하고 싶은 일을 찾아 식물을 돌보게 된다. 그러면서 서서히 밝고 씩씩한 소녀가 되어 간다. 그런 과정은 식상함과는 거리가 멀다.

3. 현대적인 이야기

『비밀의 화원』은 아주 현대적인 이야기이다. 도시에서 부모의 관심을 못 받고 비행을 일삼던 소녀가 시골로 이사하면서 인간미 넘치는 어른과 자연을 만나 변했다…, 지금도 드라마에 나올 법한 이야기이다.

우등생을 다룬 아동문학은 아니지만 많은 사람이 『비밀의 화원』을 읽었으면 좋겠다. '메리는 나와 비슷하구나!' 하고 공감하는 사람이 꽤 많을 것이다.

후자 쪽이 역시 더 잘 읽힙니다. 이유는 '목차'가 있기 때문입니다. 이렇게 목차를 만들면 내용이 머리에 쉽게 들어올 뿐만 아니라 각각의 단락마다 무엇을 말하고 싶어 하는지를 한눈에 알 수 있습니다.

글쓰기를 마친 후에 단락을 나누어 각각의 단락에 목차를 붙이는 방법을 추천합니다. <u>최애를 이야기하는 글쓰기 외에도 파워포인트로 자료를 만들 때나 장문의 이메일을 보낼 때도 활용할 수 있습니다.</u>

수정은 익숙해지면 즐겁다

익숙하지 않으면 수정이 귀찮지만, 익숙해지면 '이보다 즐거운 일은 없다'고 할 정도로 재미있습니다. 저는 제 문장을 수정할 때가 가장 즐겁습니다. 다른 사람이 지적해서 고치는 일은 꽤 괴로운 일이지만 스스로 고치는 작업은 정말 즐겁습니다.

- 어떻게 하면 더 읽기 쉬운 문장이 될까?
- 이걸로 공유하고 싶은 포인트가 전달될까?
- 좀 더 알기 쉬운 말은 없을까?
- 더 삭제해도 되는 곳은 없을까?

이상을 주의하면서 문장을 수정해 나가면 글쓰기 능력도 점차 향상됩니다. 수정을 거쳐야 비로소 잘 전달되는 문장이 된다는 사실을 명심합시다.

남들과 다른 의견을 낼 수 있는 용기

이상 소개한 방법으로 글쓰기를 마쳤다고 해도, '남들과 다른 의견인데 공유해도 될까?' 하고 머뭇거릴지도 모릅니다.

남들과 다른 의견을 낼 수 있는 용기는 어떻게 가질 수 있을까요? 그 용기는 자신의 글을 다듬는 과정에서 생깁니다.

가령 모두가 부정적으로 평가하는 영화를 긍정하는 글을 쓴다고 합시다. 이럴 때는 아무래도 긴장이 많이 됩니다. 분위기를 흐리는 건 아닐까? 이상하게 보면 어떡하지? 하고 불안합니다.

하지만 반대로 말하면 그런 긴장감이 문장을 수정하거나 반복

최애의 매력을 전하는 '장문' 쓰는 법

++++++++++++++++++++++++++++

1. 쓰기 전
★ 대상 정하기(해당 장르를 모르는 사람이 읽어 주길 바라는가).
★ 공유하고 싶은 포인트 정하기(세세하고 구체적으로).

2. 도입부
★ 자신의 경험은 앞에 둔다.
★ '맥락'으로 공통점 or 새로움을 설명한다.
★ 막히면 '질문'으로 시작한다.

3. 쓰기
★ 조사해서 알 수 있는 내용은 장황하게 쓰지 않는다.
★ 뻔한 말은 피한다.
★ 막히면 다시 '최애'로 돌아간다.

4. 수정
★ '전달하고 싶은 포인트'가 전달되는지 확인한다.
★ 마음에 들지 않으면, 문장의 순서를 바꾼다. / 필요 없는 문장을 삭제한다. / 목차를 넣는다.

++++++++++++++++++++++++++++

해서 읽는 동기부여로 이어집니다. 즉 '이렇게 써도 될까?' 하고 망설여지면 자신감이 생길 때까지 끝까지 문장을 마주하고 수정합시다.

   수정에 수정을 거듭한 글은 발표하지 않으면 몹시 아깝다는 기분이 듭니다. 왜냐하면 그렇게까지 갈고 닦은 글을 누군가에게 보여 주지 않고 끝내기는 억울하기 때문입니다. 긴장하거나 용기가 필요하다면 그만큼 문장을 다듬는 원동력으로 삼으면 됩니다.

   '공유하겠다고 마음먹은 이상, 의견이 다른 사람도 설득할 수 있을 정도로 갈고 닦아서 보여 주겠어!'라는 기개를 가지고 문장을 다듬어 봅시다.

제6장

245

최애의 매력을

어필탄 예문을 읽자

전문가의 스킬을 흉내낸다

제5장까지는 '추천의 매력을 말하는 스킬'에 대해 살펴봤습니다. 하지만 스킬을 익혔다고 실제로 글을 쓸 수 있을까요? 이는 사람마다 다릅니다.

그래서 응용 편으로 전문가가 쓴 최애의 매력을 전달하는 글을 읽어 보시길 추천합니다.

여기서 소개하는 사례는 제가 좋아하는 글들입니다. 어디가 좋은지, 어떤 공을 들였는지 함께 생각하면서 그 스킬을 따라 해 봅시다.

'최애를 보는 팬(자신)', '최애를 보는 팬(타인)', '최애 자체' 각각에 관해 쓴 세 가지 패턴의 글을 준비했습니다. 어떤 방식이 자신에게 맞는지 생각해 보시길 바랍니다.

'최애를 보는 팬(자신)'에 관해 쓴 예문

먼저 '최애를 보는 팬'으로서 자신의 감정을 드러낸 문장을 살펴보겠습니다. 시인 사이하테 타히最果タヒ가 쓴 자신의 최애인 다카라즈카에 관한 '블루 스팽글 블루' 첫 번째 연재 〈센슈라쿠가 다가온다千秋楽が来てしまう〉입니다. 주제는 '센슈라쿠千秋楽'입니다.

센슈라쿠란 마지막 공연을 말합니다. 사이하테 시인이 쓴 글은 센슈라쿠에 관한 자신의 심정이 담겨 있습니다.

> 센슈라쿠가 안 왔으면 좋겠다(다카라즈카에 대한 설명 없이, 바로 '센슈라쿠'를 언급하여 다카라즈카 뿐만 아니라 공연물을 좋아하는 모두가 공감할 수 있는 문장이 되었다). 내가 좋아하는 것이 과거가 되어 가는 걸 마주해야 해서 안타깝다. 이렇게까지 좋아하니 절대 잊지 않을 거다! 블루레이로 다시 보면 한순간에 그때의 감동이 되살아날 것만 같다. 모든 기억이

블루레이의 영상으로 재현될 듯한 기분마저 든다. 하지만 내 눈으로 직접 봤던 그날의 공연을 모조리 기억해 낼 수 있을까. 아무리 떠올리려고 해도 그날의 현장감을 그대로 살릴 수는 없지 않을까. 좋았던 그 순간이 '기억'에 전부 남을 거라고는 생각하지 않는다. 그날 그 순간이 최고였기에 시간이 지나고 나면 절대로 당시의 감동을 고스란히 기억해 낼 수 없다는 걸 잘 안다.

그 공연 덕분에 행복하다든가 매일 힘이 난다고 말할 수 있으면 좋겠지만, 실은 공연이 끝나고 나면 평정심을 유지할 수 없다. '평정심'이라는 표현이 옳은지는 모르겠지만 어쨌든 그런 아슬아슬한 곳까지 자신이 내몰렸다는 느낌이 강해서, '좋아하는 것을 좇아 인생을 행복하게 보내자!'라는 메시지에 '말도 안 돼!'라는 생각도 든다(자신이 좋아하는 감정을 세세하게 언급한 뒤에 '최애'에 대한 일반론 = '인생을 행복하게 해 주는 것'에 가벼운 의문을 제기해서 공감을 낳았다). 물론 나도 취미 따위는 시간 낭비라는 사람에게는 '그렇지 않다'고 반박할 것이다. 하지만 뭔가를 '좋아하는 것'은 스스로 행복하게 만들 수 있으니까 멋진 일이야! 라는 식의 이야기를 들으면 평정심이 균형을 잃으면서 내 표현이 미숙했던 건 아닐까, 라고 생각하게 되어 괜스레 침울해지기도 한다

(자신의 기분을 조절하지 못하는 상태를 '미숙하다'고 생각해 침울해진다, 라고 멋지게 표현했다. '미숙'이라는 말에 크게 공감하는 사람이 많을 것이다).

물론 나도 행복하고 즐겁다. 그렇지만 좋아하기 때문에 반복해서 보고 싶다는 집착심이 여차하면 무지막지한 상처를 줄지 모른다는 생각도 한편으로 하면서, 맹렬하게 좇기를 멈추지 못하고 있다는 기분이 든다.

사이하테 타히,

〈센슈라쿠가 다가온다〉

저는 이 글을 읽었을 때 너무 공감이 되어서 고개를 끄덕였습니다. 사이하테 시인은 모두가 '공감'할 수 있는 언어화, 즉 '최대공약수 언어화'에 능숙합니다. 그렇게 표현하면 다소 오해를 불러일으키기도 하지만 '최대공약수 언어화'를 효과적으로 활용하려는 시도와 그 스킬은 분명히 돋보였습니다.

예를 들어 요즈음은 '최애'라는 말을 흔히 사용하지만 그 단어가 별로 마음에 들지 않는 사람도 많을 것입니다. '최애로 행복해지자'라든가 '최애가 생기면 매일 즐겁다'와 같은 긍정적인 면모가 부각됩니다.

하지만 실상은 너무나 좋아하기 때문에 다른 여러 가지 사정을 용납할 수 없거나 감정이 너무 격앙되어 갈등이 생기기도 합니다.

사이하테 시인의 글은 그런 좋아하는 감정을 멋지게 표현했습니다. "'평정심'이라는 표현이 옳은지는 모르겠지만 어쨌든 그런 아슬아슬한 곳까지 나 자신이 내몰렸다는 느낌이 강해서, '좋아하는 것을 좇아 인생을 행복하게 보내자!'라는 대목에서 '말도 안 돼!'라는 생각도 든다."라는 문장을 읽으면 '그래 맞아!' 하고 나도 그런 답답함을 느꼈다며 무릎을 쳤습니다.

좋아한다는 감정이란 그런 겁니다. 남녀 간의 연애 감정이 아니더라도 힘을 얻을 정도로 감정을 흔드는 존재는 우리의 '평정심을 훼손하는 힘'도 큽니다.

따라서 "평정심이 균형을 잃으면 내 표현이 미숙했던 건 아닐까 하고 생각하게 되어 괜스레 침울해지기도 한다."라는 문장에 공감할 수 있습니다. 맞아! 반드시 최애를 통해 행복을 느끼지 못해도 좋아하는 마음만은 변하지 않아, 라며 고개를 끄덕이게 됩니다.

사이하테 시인의 문장을 보면, 그동안 누구도 말로 명확히 표현하지 못했지만 막상 언어화된 글을 보니 어째서 아무도 그런 말을 생각해 내지 못했을까? 하는 느낌을 받는 일이 많습니다.

그리고 그런 문장이 성립되는 이유는 사이하테 시인의 말이 세상의 흔한 말, 즉 '클리셰'를 따르지 않기 때문입니다. 세상이 말하는 '최애'나 '좋아하는 것'의 정의를 한번 의심한 뒤에 자기 언어로 다시 그 개념을 고쳐서 표현했습니다. 덕분에 '지금까지 본 적 없는 말이지만 확실히 말이 되네!'라며 무릎을 치게 만드는 문장이라고 느낄 수 있는 것입니다.

최애의 매력을 공유할 때 모두가 흔히 사용하는 말이나 개념을 그대로 사용하지 말고 자기 언어로 풀어서 생각해 보는 건 어떨까요? 방법론은 앞서 설명해 드렸습니다. 저는 사이하테 시인의 문장을 읽을 때마다 '언어 수정'이 반복적으로 이루어졌음을 실감합니다.

'최애를 보는 다른 팬'에 관해 쓴 예문

다음은 작가 미우라 시온三浦しをん의 에세이 『좋아하게 돼 버렸습니다好きになってしまいました。』 중에서 '코로나 시국의 콘서트 풍경'을 그린 문장을 소개하겠습니다.

신종 코로나바이러스가 기승을 부리기 시작할 무렵에 쓰인 에

세이입니다. 미우라 작가는 본문에 어떤 '노래하고 춤추며 반짝이는'의 콘서트를 보려고 컨디션 관리를 빈틈없이 하면서 도쿄 돔구장을 방문했을 때의 이야기를 소개했습니다.

참고로 미우라 작가는 자신을 '나는 평소 '팔짱 낀 지장보살'처럼 묵묵히 콘서트를 바라보는 버릇이 있다'라고 표현했지만, 한편으로 '심상치 않은 반짝거림으로 지장보살도 성대를 사용할 가능성이 제로는 아니다'라며 우려했습니다. 하지만 에세이의 초점은 점점 옆자리의 여자로 옮겨 갔습니다.

때는 코로나 초기, 즉 콘서트장에서도 입을 벌려 소리를 내는 행동을 엄격히 금하던 시절이었습니다. 하지만 자신의 최애가 등장하면 아무래도 목소리가 터져 나오기 마련입니다.

그러면 미우라 작가의 관람한 콘서트장은 어땠을까요?

> 내 옆(실질적으로는 자리를 하나 비운 옆)에는 십 대 후반으로 보이는 여자아이가 있었는데 그녀는 마스크를 쓴 입가를 팔로 막고 필사적으로 목소리를 죽이고 열심히 깃발을 흔들고 있었다. '꺄악!' 하고 외치고 싶지만 열심히 참고 있는 것으로 보였다. 어떤 기분인지 잘 알겠어, 하고 말없이 고개

를 끄덕이는 지장보살.

하지만 시련은 계속되었다. 반짝이는 집단(아이돌의 의상이나 헤어스타일 등의 구체적인 묘사는 최소화하고 단지 '반짝이는 집단'으로 표현해서 독자도, 팬도 정말로 전하고자 하는 묘사에 집중할 수 있다)이 중앙 무대로 나오거나 이동식 무대 위에 올라 공연장 여기저기를 휘젓는 것이다. 즉 메인 무대에 있을 때보다 객석에 더 가까운 위치까지 다가왔다.

이 반짝임을…, 과연 인간적으로 견뎌낼 수 있단 말인가? 걱정이 된 지장보살은 흘끗 옆자리의 여자아이를 바라보았다. 그녀는 팔로는 더 이상 입을 가릴 수 없었던지 마스크 너머로 수건을 물고 있었다. 마음은 십분 이해하지만 질식할지도 몰라! 괜찮아?!

그래도 그녀는 참았다. 한 마디도 하지 않고 반짝이는 집단을 응시하고 있었다.

그런 그녀를 보며 나는 '반짝이는 집단보다 더 빛나는 아름다운 모습'이라고 생각했다.

하지만 실제로는 과할 정도로 수건으로 입을 틀어막고 있어서(팬의 흥분이 전해지는 묘사) 사정을 모르는 사람이 보면 걱정될 정도랄까, 다소 우스꽝스러워 보이기도 했다. 그녀가 얼마나 이 콘서트를 기대해 왔는지, 지금 반짝이는 집단으로부터 얼마나 감동받고 있는지, 하지만 만에 하나 소리를 내서 주위 사람에게 무슨 일이라도 생기면 큰일이라는 이성은 붙잡고 있다…, 그런 여러 가지가 절절히 전해 와서 '참 착한 아이구나' 하고 나도 감동했다.

옆자리의 그녀와 같은 사람들로 가득 찬 도쿄 돔은 박수와 깃발을 흔드는 작게 소리만 울리는 무언의 공간이었다(팬을 긍정적으로 묘사해서 그 팬이 응원하는 그룹의 매력도 어필했다).

미우라 시온,
『좋아하게 돼 버렸습니다』 중에서

정말 좋은 문장이라는 생각이 듭니다. 왜냐하면 최애의 반짝임에 압도당하면서도 흥분을 참아내는 팬의 모습을 묘사해서 '최애의 반짝임'과 '최애를 응원하는 팬의 반짝임' 모두를 그려내는 데 성공했기 때문입니다.

코로나 시국의 콘서트 풍경을 그린다면 주최 측의 대처에 대해서 자세히 쓸 수도 있었습니다. 환기가 얼마나 잘 되는지, 관객이 목소리를 내지 않도록 어떤 안내를 했는지, 무엇보다 출연진들이

코로나 시국을 어떻게 바라보는지 등과 같은 정보를 상세히 다룰 수도 있었습니다.

하지만 미우라 작가는 그렇게 하지 않습니다. 물론 코로나 시국의 콘서트 풍경도 언급했지만 결코 크게 다루지는 않았습니다.

이 에세이는 시종일관 '팬(특히 옆자리의 여자아이)의 흥분을 참아내는 모습'에 집중하고 있습니다. 우리는 이 에세이를 읽고 콘서트가 얼마나 멋지면 '과할 정도로 수건으로 입을 틀어막고' 외칠 정도일까? 라든가, 팬들의 매너가 대단하다, '반짝이는 집단'은 도대체 어떤 그룹을 말하는 걸까 등과 같이 최애라는 존재 자체에 관심이 생깁니다.

옆자리의 여자아이 팬의 에피소드도 강렬하지만, 그녀와 미우라 작가가 이렇게도 사랑하는 그룹은 얼마나 좋을까? 하는 생각도 하게 합니다.

<u>공유하고 싶은 포인트를 하나로 좁혔기 때문에 최애의 매력을 전달하는 데 성공한 것입니다.</u> 최애를 보는 팬을 이야기함으로써 최애를 부각했습니다.

이는 단순히 최애를 공유하는 수준을 넘어서 최애의 매력을 어필하는 데 효과적인 방법일지도 모릅니다. 이 케이크가 얼마나 맛

있는지 이야기하기보다는 이 케이크에 빠진 사람들을 이야기하는 편이 케이크의 맛을 더 궁금하게 만드는 법입니다.

반면에 어설프게 '최애'의 좋음과 '최애의 팬'의 좋음을 모두 같은 분량으로 썼다면 하고 싶은 말이 제대로 전달되지 않았을 것입니다. 팬의 매력에 글을 집중했기 때문에 최애의 매력을 전달하는 데도 성공한 사례입니다.

'최애 자체'에 관해 쓴 예문

앞서 소개한 두 사람의 글은 각각 '최애를 보는 팬(타인)'과 '최애를 보는 팬(자신)'에 관해 쓴 글이었습니다. 그러면 마지막으로 '최애 자체'에 관해 쓴 글을 소개하겠습니다.

다소 어렵게 느껴질지도 모르지만, 제인 오스틴의 소설 『설득』의 서평입니다. 글쓴이는 도쿄대학교 대학원에서 영미문학을 가르치는 아베 기미히코 阿部公彦 교수입니다. '교수님이 쓴 서평도 최애 관련 글인가?'라고 의아해할지 모르겠습니다. 하지만 저는 이 글이야말로 최애의 매력을 전달하는 최고의 문장이라고 생각합니다.

『설득』은 좀처럼 읽기 힘든 영문학의 고전 명저입니다. 그런 소설의 매력을 아베 교수는 어떻게 어필했을까요?

졸업 논문의 주제가 화제를 모으는 계절이다. 영문학계에서는 셰익스피어가 여전히 인기가 많고 제인 오스틴도 마찬가지이다(세상에는 영문학에 흥미가 있는 사람보다 졸업 논문을 써 본 사람의 수가 더 많다. 도입부로 좀 더 많은 독자층을 확보했다!). 올해는 유명한 『오만과 편견』에 견줄 수 있는 『설득』을 논문 주제로 삼은 학생이 있어 놀랐다.

오스틴의 작품 중에서도 『설득』은 꽤나 무거운 작품이다. 제목부터가 잔뜩 무직한 느낌을 준다. 본래 설득이라고 하면 영문학 전통에서도 가장 화려한 기술이다. 셰익스피어의 『소네트』나 존 던의 변태적인 시, 앤드루 마블의 더없이 감미로운 〈수줍은 연인에게〉만 봐도 얼마나 능숙하고 화려하게 설득하는지가 글쓴이의 솜씨를 엿볼 수 있는 대목이다. 설득의 순간이야말로 문학의 꽃인 셈이다.

그런데 『설득』의 '설득'은 좀 다르다. '이보세요. 좀 해 보자고요'라는 식의 적극적인 '설득'이라기 보다는 정반대인 '그만둬요'라는 식의 부정적인 설득이 중심을 이룬다. 이 소설의 가장 큰 관심사는 일어나는 일보다 일어나지 않는 일이다. 특히 8년 전에 일어나지 않았던 일. 주인공 앤 엘리엇은 이미 서른 살에 가깝지만 아직 미혼이다. 사실 그녀는 8년 전 웬트워스 대령과 맺어지기 직전까지 간 적이 있다. 그런데 친한 사람에게 '그만둬요'라는 충고를 받고 '확실히 여자는 신중해야 한다'고 생각해 교제를 그만두었다.

뭐라고요? 보통 그렇게 그만두나요? 게다가 여주인공이잖아요? 라고 생각하는 사람도 있을 것이다.
확실히 근대 소설에 그려진 여성 주인공의 대부분은 '그만둬요'라는 말을 들어도 '절대, 그만두지 않겠어요!'라고 반발한다. 조지 엘리엇, 에밀리 브론테, 샬럿 브론테 같은 19세기 영문학을 대표하는 작가들은 그런 성향의 여자 주인공을 즐겨 그려왔고, 오스틴도 예를 들어 『오만과 편견』에서는 그런 여성상을 주인공으로 내세우지 않았는가.

하지만 『설득』의 앤은 달랐다. '그만둬요'라고 말하면 그만뒀고, 소설이 끝날 때까지 자신이 그만둔 것은 옳았다며 계속 믿었다. 그런 사람이 주인공이 될 자격이 있을까? 그런데 이상하게도 소극적이고, 수수하고, 다른 등장인물에게는 심부름꾼 같은 취급을 받고, 스물일곱 살 나이에 '요즘 나이 들어 보인다'는 말이나 듣는 앤의 이야기가 독자 입장에서

> 는 너무나도 궁금하다. 무심코 '그래서 도대체 어떻게 할 작
> 정인가요?'라고 묻고 싶을 지경이다. 그런데 앤의 일상생활
> 은 너무나도 평온하고 단조롭기 짝이 없다.
>
> 아베 기미히코,
> 제인 오스틴, 『설득』 중에서

정말 고급스럽고 책을 읽고 싶게 하는 서평입니다! 저는 아베 교수의 서평을 읽을 때마다 감탄합니다. 일단 도입부가 일품입니다.

"졸업 논문의 주제가 화제를 모으는 계절이다. 영문학계에서는 셰익스피어가 여전히 인기가 많고 제인 오스틴도 마찬가지이다."라는 도입부는 솔직히 오스틴에 그다지 흥미가 없어도 '우아, 그렇구나' 하고 쉽게 납득하며 읽게 됩니다.

이 서평이 게재된 곳은 '서평 공간: 기노쿠니야 서점 KINO KUNIYA: BOOKLOG'라는 대형 서점의 블로그로 책을 좋아하는 사람이 자주 찾는 사이트라서 "오스틴의 작품 중에서도 『설득』은 꽤나 무거운 작품이다."라는 문장으로 시작해도 그다지 문제없을 것입니다. 책을 좋아하는 사람 중에도 기노쿠니야 서점의 블로그를 읽을 정도

라면 제인 오스틴의 이름 정도는 한 번쯤은 들어봤을 테니까요.

하지만 아베 교수는 '졸업 논문' 이야기부터 시작했습니다. 대학 교수만이 가능한 도입부라고 생각할 수도 있지만 처음에 갑자기 '오스틴의 작품 중에서도 『설득』은 꽤나 무거운 작품이다'라고 시작하기보다는 아무래도 '최근 영문학을 배우는 학생들에게 오스틴이 인기입니다'라고 시작하는 편이 독자 입장에서도 글의 문턱이 낮아져 접근하기 좋습니다. 도입부의 깔끔하고 가벼운 문장이 아베 교수가 최애인 소설의 매력을 어필하는 힘의 강도가 어느 정도인지를 가늠하게 해 줍니다.

『설득』이라는 소설의 줄거리를 소개하기 전에 "그런데 『설득』의 '설득'은 좀 다르다. '이보세요. 좀 해 보자고요'라는 식의 적극적인 '설득'이라기 보다는 정반대인 '그만둬요'라는 식의 부정적인 설득이 중심을 이룬다."라는 문장을 배치해서 갑자기 『설득』의 줄거리를 설명하지 않고 『설득』이라는 제목의 의미와 제목이 암시하는 내막적인 주세를 언급했습니다.

이 부분도 '참 잘 쓰는구나!' 하고 감탄한 부분입니다. 왜냐하면 모르는 소설의 줄거리는 관심 없는 사람이 많기 때문입니다. 하지만 그 전에 '일반적인 소설의 '설득'과는 다른 타입의 설득이 등장하는 소설'이라는 소개를 해 두면 왠지 그 소설을 알고 있는 듯한 기분이 듭니다.

이처럼 '왠지 알 것 같다'라는 기분이 생기게 해 주는 소개가 정말로 중요합니다.

읽어 본 적이 없는 소설, 그것도 '명작'으로 불리는 어려운 소설은 아무래도 접근성이 떨어집니다. '누구? 오스틴? 게다가 무거운 작품이라고? 음 어렵겠는걸. 내가 소화할 수 있는 책일까?' 하고 불안감이 생기기 마련입니다.

하지만 그런 우려를 '괜찮아요. 그렇게 어렵지 않아요'라며 안심시켜 주는 것이 서평의 역할이기도 합니다. '당신 주변에서 일어나는 일과 크게 다르지 않아요'라고 말해 줍니다. 그리고 독자에게 '아, 그런 주제라면 나도 읽을 수 있을 것 같다'라는 생각을 품게 해 줍니다. 이런 과정을 차근차근 밟아 가는 서평입니다.

최애와 거리가 먼 장르의 글도 읽어 보자

서평, 즉 '최애가 책일 때' 매력을 전하는 글은 '접근성이 높은 장르를 어떻게 소개하면 좋을까?'에 대한 힌트로 가득 차 있습니다. 물론 저는 서평가라서 서평을 좋아하는 것뿐일지 모르지만 그래도 서평이 분명히 도움이 많이 됩니다.

앞에서 소개한 아베 교수의 서평은 인터넷에서 전체 글을 찾을 수 있으므로 꼭 읽어 보시길 바랍니다. 다른 서평이나 비평도 여러분의 글쓰기나 말하기에 분명 도움이 될 것입니다.

만약 영문학이 쉽게 접근하기 어려운 장르라면, '여러분의 최애가 접근하기 어려운 장르라고 생각하는 사람에게 어떻게 하면 그 매력을 전할 수 있을지'를 아베 교수의 서평을 통해서 배울 수 있습니다.

흉내로 자신의 개성을 찾는다

지금까지 최애의 매력을 전하는 세 가지 패턴의 문장을 소개했습니다. 이는 어디까지나 예시입니다. 여러분의 최애가 속한 장르의 글들도 꼭 찾아서 읽어 보시길 바랍니다. 앞에서도 말씀드린 바와 같이 자신이 좋다고 생각하는 글을 구해 모범으로 삼는 것입니다.

글을 잘 쓰고 싶다면 '흉내 내기'가 가장 좋은 방법입니다. 자신이 선호하는 글을 찾아 그 사람의 방식을 따라 해 봅시다. 여러분이 전하고 싶은 포인트를 그 사람의 문체나 구성으로 쓰면 어떤 글이 될지 상상해 봅시다.

저는 글쓰기가 막힐 때면 '좋아하는 작가인 ○○○가 쓴다면 어떻게 썼을지 망상'하는 버릇이 있습니다.

도입부는 어떨까? 어떻게 발상할까? 무엇을 인용할까? 등을 망상만 해도 의외로 쉽게 실마리가 풀립니다. 물론 내용물은 자신의 생각이므로 모방까지는 아닙니다.

글쓰기가 막힐 때 제가 하는 또 다른 방법은 제5장에서도 이야기한 바 있는 '모범 문장 다시 읽기'입니다. 자신이 선호하는 사람의 글을 다시 읽어서 글의 방향성을 점검하는 차원입니다. 이렇게 모범 문장이 있으면 방향성을 잡는 데 큰 도움이 됩니다. 글을 쓰다가 어디로 가고 있는지 잘 모를 때 등대와 같은 역할을 해 줍니다. 글이 아니라 말로 최애를 알리고 싶은 사람에게도 모범이 매우 중요합니다.

글뿐만 아니라 음성으로 추천을 알리고 싶은 사람에게도 모범은 매우 중요합니다. 선호하는 말투나 몸짓, 리액션 등 모범이 될 만한 자료 수집은 말하기 연습에 필요한 중요한 단계이며 말하기 실력을 향상시키기 위한 절대적인 지름길입니다.

그리고 누군가를 따라 하다 보면 자신의 개성이 발현되는 순간이 옵니다. 처음부터 개성을 찾으려고 애쓰기보다는 자신이 선호하는 사람의 방식을 흉내 내면서 차별성을 찾으면 그것이 개성이 됩니다.

그러므로 자신이 선호하는 '예문', 즉 모범을 찾읍시다. 모범의 장점을 분석해서 자신이 끌리는 포인트가 어디인지 찾아 표현하면 자신만의 스타일을 찾을 수 있습니다.

개성은 흉내라는 과정을 거치면서 자연스럽게 발현된다는 사실을 이해하고 우선은 많은 모범을 찾아서 경험해 봅시다.

막힐 때 읽어 보면 좋은
Q&A

최애를 공유하고 싶은데 잘 안되거나 용기가 나지 않을 때는 여기 Q&A를 참고해 보시길 바랍니다.

> **Q. 최애를 소개했는데 다들 반응이 시원찮네요.**
>
> 최애에 관한 이야기에 상대가 관심을 보이지 않네요. 설명을 잘 못해서 답답해요. 그래서 더 이상 최애를 공유하고 싶은 마음이 생기지 않습니다. 남들의 관심을 유도하려면 어떻게 해야 할까요?

A. 상대에게 제공할 정보의 취사 선별이 중요합니다.

다른 사람에게 영향을 미치는 이야기는 '공감을 주는 이야기'이거나 '흥미로운 새로운 정보' 둘 중의 하나입니다. 제2장에서 재미란 '공감'이나 '놀라움'이라고 설명했습니다. 그 부분을 다시 찾아 읽어 보시길 바랍니다.

즉 여러분의 이야기가 ① 공감할 수 있는 내용인지, ② 관심 범위에서 새로운 정보인지 둘 중의 하나면 됩니다.

예를 들어 일대일로 대화할 때 "요즘 다이어트를 열심히 하는군요. 제 최애가 다이어트에 성공해서 팁이 많더라고요. SNS 한번 볼래요?", "너, 뮤지컬 좋아하지? 내 최애가 이번에 뮤지컬에 나온다더라. 보러 갈 건데 뭔가 알아 둬야 할 게 있을까?" 등과 같이 상대의 관심 범위 내에서 최애의 이야기를 해 보면 흥미를 보일지 모릅니다.

혹은 "○○의 맥락으로 보면, K-POP 아이돌 중에 이 그룹은 이런 점이 달라요." 등과 같이 새로운 해석을 제시하면 "K-POP에는 관심 없지만 그러한 맥락으로 접근하는 건 재미있네요."라는 반응을 이끌 수 있을지 모릅니다. "○○ 때문에 힘들 때 이 배우의 드라마를 보고 구원받았어요."라는 이야기를 하면 많은 사람에게 공감받을 수 있을지 모릅니다.

'최애'의 정보 중에 상대의 흥미를 유발할 수 있는 뭔가 새로운 것은 없을까? 라는 생각으로 접근하면 돌파구를 쉽게 찾을 수 있습니다.

'말하는 법을 갈고 닦으세요'라고 하면 막상 무엇을 해야 할지 감이 오지 않습니다. 반면에 상대에게 유용한 정보는 뭘까? 라는 관점에서 생각하면 정보의 취사선택이 한층 명료해집니다.

> **Q. 다른 사람의 SNS를 공유하는 수준에 머물러요.**
>
> 취미가 같은 친구와 이야기할 때는 문제 없는데 막상 'SNS로 후기를 올리자', '모르는 사람에게 알려 보자'라고 생각하면 어떤 말로도 당시의 감정을 잘 표현하지 못해요. 결국 잘 쓴 남의 글을 공유하거나 '맞아요!'라고 맞장구를 칠뿐이에요.

A. '최애를 보는 자신의 감정'에 집중해 보세요.

자신이 좋아하는 장르가 SNS에서 활발하게 소통되고 있으면 참 즐겁지만, 굳이 나까지 감상을 쓸 필요가 있을까? 하고 동기부여가 생기지 않을 때도 있습니다. 언어화를 잘하는 사람이 많으면 자신이 직접 감상을 이야기하지 않아도 즐거울 수 있습니다. 하지만 여러분 고유의 감상은 남기는 것이 좋습니다.

그 이유는 제1장이나 제2장에서 충분히 설명해 드렸으니 참고

해 주시고, 부연해서 이야기하자면 '자신만의 감상을 쓰면 자기 자신에 대한 이해도도 높아지고 최애에 대한 이해도도 높아지기 때문'입니다.

질문하신 분은 '어떤 말로도 당시의 감정을 잘 표현하지 못한다'고 하셨는데 최애 자체를 이야기하기보다는 최애를 보는 자신의 이야기를 표현해 보는 건 어떨까요?

예를 들면 '사회자의 말 한마디가 정말 대단한 역할을 했구나'라는 인상을 받았다면 그 이유를 생각해 봅니다. '많은 말 중에 왜 그 한마디가 대단하다고 느낀 걸까?'라는 질문을 던지고 자신의 감정과 그 이유를 말로 풀어 보는 것입니다. 그렇게 하면 자신의 감상에 나름 깊이를 더할 수 있습니다.

게다가 자신의 감정을 설명하는 감상은 진정성을 엿볼 수 있어 최애를 모르는 사람에게도 최애의 매력을 어필할 수 있습니다.

최애의 발언이나 행동을 소개하는 활동도 즐겁지만 그런 내용은 누군가가 이미 쓴 글로도 충분할지도 모릅니다. 최애에 대한 자신의 감정을 꼼꼼히 언어화해 두면 나중에 글쓰기를 할 기회가 있을 때 재미있는 소재로 활용할 수 있습니다.

최애에 매료된 자신의 감정을 표현하다 보면 글쓰기가 서툰 사람도 최애의 매력을 멋지게 전할 수 있습니다.

> **Q. 덕후만의 어투에서 벗어나고 싶어요!**
>
> 이상하게 최애에 대한 이야기만 하면 무심코 엄청난 속도로 재잘거리는 덕후스러운 어투가 돼 버려요. 동호인끼리만 아는 속어를 사용하거나 줄여서 말하는 습관이 붙어서 걱정인데 어떻게 하면 좋을까요?

A. 속도가 전부는 아닙니다.

사실 저도 그렇습니다. 그래서 어떤 심정인지 잘 압니다. 굳이 해결책을 제안하자면, '상대의 반응을 살피는 습관'입니다.

속어나 줄임말을 사용해도 상대가 이해하고 즐거워한다면 괜찮지만, 상대가 고개를 갸웃하거나 의아해하는 경우가 문제입니다.

'표정이 안 좋으니까 어투를 바꾸자!'와 같이 순간적으로 판단할 수 있는지가 관건입니다.

우리가 말이 빨라지는 이유는 '어떻게든 여러 가지를 빨리 공유하고 싶다'는 마음이 앞서기 때문입니다. 여기에 대해서는 제3장에서 자세하게 다뤘으니 참조해 주세요.

최애의 매력을 빨리 전하고 싶다는 속도 우선에서 '하나라도 제대로 전하고 싶다'는 내용 우선으로 바꾸면 어투로 자연스럽게 달라질 것입니다. 어디에 우선순위를 두는가, 즉 목적이 무엇이냐를 살펴야 합니다.

> **Q. 남의 SNS 글에 화가 납니다.**
>
> 오랫동안 최애인 아이돌이 있는데, '나보다 팬력이 짧은 사람'이 SNS상에서 아는 체하면 화가 납니다. 남들의 공유를 어떻게 받아들여야 할까요?

A. 가끔은 벗어납시다.

인터넷의 장점은 팬이라는 자신과 같은 입장의 글을 많이 볼 수 있다는 점이지만 그 때문에 타인이 공유한 것이 못마땅한 경우도 생깁니다.

다만 그러한 글들을 취사선택할 수 있다는 점도 인터넷의 장점 중 하나입니다.

화가 나면 그런 글은 보지 않으면 됩니다. SNS라면 팔로우를 끊거나 피곤할 때는 인터넷 자체에서 벗어나는 것도 방법입니다.

세상에 '꼭 봐야 할 정보' 같은 건 인터넷에는 없습니다.

그런 생각으로 거부감이 드는 공유에서는 벗어나도록 합시다.

> **Q. '그냥 좋아요'라는 표현이 전부예요.**
>
> 어디가 좋은지 물으면 '좋아하는 데 이유가 있나?'라는 생각이 들어요. 그냥 좋다, 라는 표현밖에 떠오르지 않아요.

A. 좋아하는 감정 자체가 아니라 좋다고 느낀 에피소드에 대해 이야기하는 건 어때요?

흔히 좋아하는 데는 이유가 없다고 말하지만 과연 정말 그럴까요? 저는 비교적 회의적입니다.

왜냐하면 분명 '좋아하게 된 계기'가 있을 테고, 좋은 감정이 쌓여 간다고 느낀 적도 있고, 정말 좋아하는지 의심도 했지만 역시 좋다, 라고 다시 확신하게 된 사건'도 있을 겁니다. 최애와 오랜 시간을 함께 했기에 좋아하게 된 것입니다. 그래서 좋은 이유를 말할 것이 아니라 좋다고 느낀 구체적인 에피소드나 계기에 대해 이야기해 보는 것은 어떨까요?

참고로 저는 '정말로 좋아하나? 라고 의심도 했지만 역시 좋다고 다시 확신하게 된 사건'에 관한 이야기를 무척 좋아합니다. 그런 수제로 이야기를 풀어 보는 것도 최애가 왜 좋은지 깊이 생각해 볼 수 있는 계기가 되므로 즐겁습니다.

> **Q. 남들과 생각이 달라도 불안하고 완전히 같아도 불안합니다.**
>
> 다수의 사람들과 다른 감상을 공유할 때 어떻게 하면 용기나 자신감을 얻을 수 있을까요?
> 또 반대로 남들과 감상이 똑같을 때는 내 글이 의미가 있을까? 라는 불안도 생깁니다. 어떻게 해소할 수 있을까요?

A. 글을 공들여 다듬어 봅시다.

모두와 다른 의견도 모두와 같은 의견도 공유할 의미가 없다는 생각이 든다는 말씀이지요?

우선 '모두와 다른 의견이나 감상을 공유하기 위한 용기'는 글을 공들여 다듬는 과정에서 자연스럽게 생깁니다. 자세한 내용은 제5장에서 언급했으니 꼭 살펴보세요.

반복된 수정을 통해 '누가 읽어도 부끄럽지 않은 문장'으로 다듬는 것 이외에는 달리 방법이 없어 보입니다. 상대의 의견을 바꿀 수 있을 정도로 설득력 있는 글을 목표로 삼고, 구체성을 강화하고, 수정을 거듭하다 보면 용기나 자신감으로 이어질 것입니다.

그리고 '모두와 똑같은 의견이나 감상을 공유하기 위한 용기'도 마찬가지입니다. 표현을 다듬는 방법으로 해결할 수 있습니다. 왜냐하면 감상이나 해석을 어떻게 표현할지 심사숙고할수록 여러분만의 개성이 드러나는 문장이 되기 때문입니다. 여러분만의 경험이나 거쳐 온 장르, 매료된 포인트 등을 적절하게 표현한 감상을 쓰면 설령 결론이 남들과 같을지라도 읽는 이가 느끼는 감정은 다른 사람의 글과는 전혀 다를 것입니다.

이 책에서 이야기한 '공유할 대상을 상정할 것', '마음을 움직인 부분을 세분화할 것', '수정을 반복할 것' 등의 여러 스킬을 사용하여 꼭 여러분만의 개성이 넘치는 감상을 써 보길 바랍니다.

저는 여러분의 감상이 궁금합니다!

마치며

자기 언어로 지켜 내는
건전한 덕후 라이프를 위하여

어떠신가요? 여러분의 최애를 이야기하고 싶어지셨나요?

저도 덕후 중 한 사람이라서 팬의 입장에서 활동하다 보면 힘든 일도 슬픈 일도 있으며 때로는 억울한 일도 겪는다는 사실을 뼈저리게 느끼고 있습니다. 하지만 '좋아해! 너무 좋아해! 너무 소중해!' 라고 생각할 수 있는 게 얼마나 멋진 일인지도 잘 압니다.

최애에 관한 이야기는 세상에 넘치지만, SNS에서는 가능한 한 자신과 타인의 경계를 잘 설정해서 자신의 '최애'를 공유하고 어필하고 싶습니다.

저도 덕후 중 한 사람으로서 여러분이 덕후 라이프를 마음껏 즐기시기를 바랍니다. 그러는 데 이 책이 도움이 된다면 더할 나위 없겠습니다.

최애에 관한 자신만의 언어를 구축하는 것은 최애를 즐기는 건전한 삶으로 이어집니다. 저는 진심으로 그렇게 생각합니다. 여러분도 그 효과를 느껴보시면 좋겠습니다.

다소 개인적인 이야기를 해 보겠습니다.

뭔가 거창한 듯하여 겸연쩍지만 제가 이 책을 쓰게 된 동기에 대해 전할까 합니다. 저는 최근 10년간 SNS를 통해서 형편없을 뿐만 아니라 사람에게 상처를 주는 비수와 같은 언어들을 겪으면서 너무나도 조마조마한 삶을 보냈습니다.

10년, 참 긴 세월이네요. 그동안 줄곧 불안했습니다. 악플이나 비방은 물론이고, 그 외에도 평범하게 옳은 말처럼 보이는 글 중에도 위험한 비수를 휘두르는 듯한 인상을 받기도 했습니다.

가령 옳은 말이라도 말투가 굉장히 강하고 격하면 아무래도 상처를 받는 법입니다. 마치 독약과도 같습니다. 강하고 격한 말은 읽는 이의 마음에 비수처럼 꽂히기 때문에 큰 영향을 미칩니다.

단순히 누군가를 다치게 하는 말을 삼가자는 말을 하려는 것은 아닙니다(물론 비방이나 중상모략은 곤란합니다).

누군가의 언어에 의해 자신의 사고까지 영향을 받는다는 것은 참으로 무서운 일입니다. 그러나 그런 사실은 잘 알려져 있지 않습니다. 우리는 무방비한 상태로 너무도 쉽게 영향을 받고 있습니다. 저 역시 그중 한 사람일지도 모른다고 생각하면 두려운 마음이 듭니다.

그렇습니다. SNS는 타인의 영향을 받기 쉬운 공간입니다. 그러므로 스스로 자신을 지켜야 합니다. 타인의 언어와 자기 언어를 제대로 분리할 필요가 있습니다. 분리하면 타인의 영향을 막을 수 있습니다. 즉 타인의 언어를 비수로 느끼지 않으려면 자기 언어를 구축해야 한다는 의미입니다.

'타인의 언어와 거리를 두고 자기 언어를 구축하자'는 말을 하고 싶어서 이 책을 쓰게 된 것입니다. 물론 자기 언어가 비수가 될 수 있다는 자각도 필요하지만, 그와 동시에 타인의 비수로부터 자신을 보호하는 것이 훨씬 더 중요합니다.

자기 언어와 타인의 언어를 구별하는 습관을 실천합시다. 그 과정을 통해 자신을 지킵시다. 언어는 참 위험한 도구입니다. 하지만 우리는 언어 없이 살아갈 수 없습니다. 결국, 최애를 알리는 데 가장 쉽고 빠른 방법도 언어를 사용하는 것입니다.

언어 사용법을 익히면서 자기 언어를 구축하는 스킬도 함께 연구합시다.

저는 그럴 생각으로 이 책을 집필했습니다. 그런 생각이 여러분께 조금이라도 닿기를 바랍니다.

이 책이 여러분의 최애를 빛내는 데 일조하기를 바랍니다. 그리고 무엇보다 여러분이 건전하게 최애를 즐기는 삶을 보낼 수 있기를 진심으로 바랍니다.

자신의 최애를 즐겁게 공유합시다. 그리고 자기 언어를 구축합시다. 우선은 그것이 출발선일 테니까요.

덕후의 글쓰기

펴낸날 2025년 11월 10일 1판 1쇄

지은이 미야케 카호
옮긴이 신찬
펴낸이 金永先
편집 김샛별
디자인 검정글씨 민희라

펴낸곳 더페이지
주소 경기도 고양시 덕양구 청초로 10 GL 메트로시티한강 A1-2002호
전화 (02) 323-7234
팩스 (02) 323-0253
출판등록번호 제 2-2767호

ISBN 979-11-94156-30-7(03800)

> 더페이지와 함께 새로운 문화를 선도할 참신한 원고를 기다립니다.
> 이메일 dhhard@naver.com (원고 투고)

- 이 책은 저작권자와의 계약에 따라 발행한 것이므로 본사의 허락 없이는 어떠한 형태나 수단으로도 이 책의 내용을 사용하지 못합니다.
- 파본은 구입하신 서점에서 교환해 드립니다.